MARCHER, UNE PHILOSOPHIE

DU MÊME AUTEUR

Foucault et la folie, Paris, PUF, 1997.

Michel Foucault, Paris, PUF, 1998.

Création et folie. Une histoire du mouvement psychiatrique, Paris, PUF, 1998.

Et ce sera justice. Punir en démocratie (avec A. Garapon et T. Pech), Paris, Odile Jacob, 2001.

États de violence. Essai sur la fin de la guerre, Paris, Gallimard, 2006.

Petite bibliothèque du marcheur (choix de textes et présentation), Paris, Champs-Flammarion, 2011.

Frédéric GROS

MARCHER,
UNE PHILOSOPHIE

Champs essais

© Carnets Nord, 2009.
© Flammarion, 2011, pour cette édition.
ISBN : 978-2-0812-4960-8

Marcher n'est pas un sport

Marcher n'est pas un sport.
Le sport, c'est une question de techniques et de règles, de scores et de compétition, nécessitant tout un apprentissage : connaître les positions, incorporer les bons gestes. Et puis viennent, longtemps après, l'improvisation et le talent.

Le sport, ce sont des scores : quelle est ta place ? Quel est ton temps ? Quel résultat ? Toujours le même partage du vainqueur et du vaincu, comme à la guerre – il y a une parenté entre la guerre et le sport dont la guerre tire son honneur et le sport son déshonneur : du respect de l'adversaire à la haine de l'ennemi.

Le sport, c'est aussi évidemment le sens de l'endurance, le goût de l'effort, la discipline. Une éthique, un travail.

Mais c'est encore du matériel, des revues, des spectacles, un marché. Ce sont des performances. Le sport donne lieu à des cérémonies médiatiques immenses, où se pressent les consommateurs de marques et d'images. L'argent l'envahit pour vider les âmes, et la médecine pour construire des corps artificiels.

Marcher n'est pas un sport. Mettre un pied devant l'autre, c'est un jeu d'enfant. Pas de résultat, pas de chiffre quand on se rencontre : le marcheur dira quel chemin il a pris, sur quel sentier s'offre le plus beau paysage, la vue qu'on a depuis tel promontoire.

On a bien essayé pourtant de créer un nouveau marché d'accessoires : des chaussures révolutionnaires, des chaussettes incroyables, des sacs efficaces, des pantalons performants… On tente bien de faire entrer l'esprit du sport : on ne marche plus, on « fait un trek ». On vend des bâtons effilés qui font ressembler les marcheurs à des skieurs improbables. Mais cela ne va pas très loin. Ça ne peut pas aller loin.

La marche, on n'a rien trouvé de mieux pour aller plus lentement. Pour marcher, il faut d'abord deux jambes. Le reste est vain. Aller plus vite ? Alors, ne marchez pas, faites autre chose : roulez, glissez, volez. Ne marchez pas. Et puis, marchant, il n'y a qu'une performance qui compte : l'intensité du ciel, l'éclat des paysages. Marcher n'est pas un sport.

Mais une fois debout, l'homme ne tient pas en place.

Libertés

D'abord, il y a la liberté *suspensive* offerte par la marche, ne serait-ce qu'une simple promenade : se délester du fardeau des soucis, oublier un temps ses affaires. On choisit de ne pas emporter son bureau avec soi : on sort, on flâne, on pense à autre chose. Avec la randonnée longue de plusieurs jours, s'accentue le mouvement de déprise : on échappe aux contraintes du travail, on se libère du carcan des habitudes. Mais en quoi marcher ferait davantage sentir cette liberté qu'un grand voyage ? Parce qu'après tout d'autres contraintes, pénibles aussi, se font sentir : le poids du sac, la longueur des étapes, l'incertitude du temps (menaces de pluie, d'orages, chaleur écrasante), la rusticité des gîtes, quelques souffrances... Mais la marche seule parvient à nous libérer des illusions de l'indispensable. En tant que telle, elle demeure le règne de puissantes nécessités. Pour parvenir à telle étape, il faut marcher tant d'heures, qui sont autant de pas ; l'improvisation est limitée, car ce ne sont pas des allées de jardin qu'on parcourt et il faut ne pas se tromper aux carrefours des routes, sauf à le payer cher et comptant. Quand le brouillard envahit la montagne ou que la pluie se met à tomber en trombes, il faut continuer, poursuivre. La nourriture et l'eau font l'objet de calculs savants, selon les parcours et les sources. Et je ne parle pas de l'inconfort. Or le miracle n'est pas que l'on soit heureux malgré, mais grâce à cela. Je veux dire que n'avoir pas un choix indéfini quand il s'agit de manger ou de boire, être soumis à la grande fatalité du temps qu'il fait, ne compter que sur la régularité de son pas, cela fait apparaître soudain la profusion de l'offre (de marchandises, de transports, de mise en réseau), la démultiplication des facilités (de communiquer, d'acheter, de circuler) comme autant de dépendances. Toutes ces micro-libérations ne constituent jamais que des accélérations du système, qui m'emprisonne plus fort. Tout ce qui me libère du temps et de l'espace *m'aliène à la vitesse.*

Pour qui n'en a jamais fait l'expérience, la simple description de l'état du marcheur apparaît vite comme une absurdité, comme une aberration, une servitude volontaire. Parce que, spontanément, le citadin interprète en termes de privation ce qui se révèle au marcheur comme une libération : ne plus être pris dans la toile des échanges, n'être plus réduit à un nœud du réseau qui redistribue des informations, des images, des marchandises ; s'apercevoir que tout ceci n'a de réalité et d'importance que celles que je lui prête. Mon monde non seulement ne s'effondre pas de n'être pas connecté, mais ces connexions m'apparaissent soudain comme des entrelacements lourds, étouffants, trop serrés.

La liberté alors, c'est une bouchée de pain, une gorgée d'eau fraîche, un paysage ouvert.

Cela dit, jouissant de cette liberté suspensive, heureux de partir, je suis aussi heureux de rentrer. C'est un bonheur par parenthèses, une liberté comme escapade d'un ou plusieurs jours. Rien n'est vraiment changé quand je rentre. Et les anciennes inerties reprennent leur place : la vitesse, l'oubli de soi, des autres, l'excitation et la fatigue. L'appel de la simplicité aura duré le temps d'une marche : « Le bon air t'a fait du bien ». Libération ponctuelle, et je replonge.

La deuxième liberté est agressive, plus rebelle. La suspensive ne permet, dans nos existences, qu'une « déconnexion » provisoire : je m'échappe du réseau quelques jours, je fais sur des sentiers déserts l'expérience du hors système. Mais on peut aussi décider de *rompre*. On trouverait ici facilement des appels à la transgression et au grand dehors dans les écrits de Kerouac ou de Snyder : en finir avec les conventions imbéciles, avec la sécurité endormeuse des murs, avec l'ennui du Même, l'usure de la répétition, la frilosité des nantis et la haine du changement. Il faut provoquer des départs, des transgressions, nourrir enfin la folie et le rêve. La décision de marcher (partir au loin, quelque part, tenter autre chose) se comprend cette fois comme l'appel du sauvage (*The Wild*). On découvre dans la marche la vigueur immense des nuits étoilées, des énergies élémentaires, et nos appétits suivent : ils sont énormes, et nos corps sont comblés. Quand on a claqué la porte du monde, on n'est plus tenu par rien : les trottoirs ne collent plus au pas (le parcours, cent mille fois répété, du retour au bercail). Les carrefours tremblent comme des étoiles hésitantes, on redécouvre la peur frissonnante de choisir, la liberté comme un vertige.

Cette fois, il ne s'agit pas de se libérer de l'artifice pour goûter à des joies simples, mais de rencontrer une liberté comme limite de soi et de l'humain, comme débordement en soi d'une Nature rebelle qui me dépasse. La marche peut provoquer ces excès : excès de fatigue qui font délirer l'esprit, excès de beauté qui font chavirer l'âme, excès d'ivresse sur les cimes, en haut des cols (le corps explose). Marcher finit par réveiller en nous cette part rebelle, archaïque : nos appétits deviennent frustes et sans concession, nos élans inspirés. Parce que marcher nous met à la verticale de l'axe de vie : entraînés par le torrent qui jaillit juste en-dessous de nous.

Par là, je veux dire qu'on ne va pas, en marchant, à la rencontre de soi-même, comme s'il s'agissait de se retrouver, de se libérer des aliénations anciennes pour reconquérir un moi authentique, une identité perdue. En marchant, on échappe à l'idée même d'identité, à la tentation d'être quelqu'un, d'avoir un nom et une histoire. Être quelqu'un, c'est bon pour les soirées mondaines où chacun se raconte, c'est bon pour les cabinets de psychologues. Mais être quelqu'un n'est-ce pas encore une obligation sociale qui enchaîne (on se contraint à être fidèle au portrait de soi-même), une fiction bête pesant sur nos épaules ? La liberté en marchant, c'est de n'être personne, parce que le corps qui marche n'a pas d'histoire, juste un courant de vie immémoriale.

Ainsi sommes-nous une bête à deux pattes qui avance, juste une force pure au milieu des grands arbres, juste un cri. Et souvent en marchant, on crie pour dire sa présence animale recouvrée. Sans doute, dans cette grande liberté exaltée par la génération déchirée de Ginsberg ou Burroughs, dans cette débauche d'énergie qui devait déchirer nos existences et faire exploser les repères des soumis, la marche dans les montagnes constituait un moyen parmi d'autres, d'autres qui comprenaient les drogues et les alcools, les beuveries, les orgies, par lesquels on tentait d'atteindre l'innocence.

Mais elle laisse apercevoir un rêve : marcher, comme l'expression du refus d'une civilisation pourrie, polluée, aliénante, minable.

> J'ai lu Whitman, et vous savez ce qu'il raconte ? *Debout esclaves, et que tremblent les despotes étrangers.* Voilà ce que pour lui doit être l'attitude du troubadour, du troubadour fou inspiré par le Zen, sur les vieilles pistes du désert. Il pense qu'il faut imaginer le monde comme le rendez-vous des errants qui vont, sac à dos, de l'avant, des clochards célestes qui refusent l'obligation de consommer tout ce qui est produit, donc de travailler pour pouvoir consommer, et d'acheter toute cette ferraille inutile : réfrigérateurs, télévisions, automobiles, et toutes sortes d'ordures

inutiles [...]. Des milliers, des millions de jeunes Américains, bouclant leur sac et prenant la route...[1]

L'ultime liberté du marcheur est plus rare. C'est un troisième degré, après le retour aux joies simples et la reconquête de la bête archaïque. C'est la liberté du *renonçant*. Heinrich Zimmer, un des grands savants indianistes, nous rapporte qu'on distingue, dans la philosophie hindoue, quatre étapes sur le chemin de la vie. La première est celle de l'élève, de l'apprenant, du disciple. Au matin de sa vie, il s'agit alors essentiellement d'obéir aux injonctions du maître, écouter ses leçons, se soumettre aux critiques et se conformer aux principes. Il faut recevoir. Dans une deuxième étape, l'homme, devenu adulte, au midi de son existence, devient un maître de maison, marié, ayant charge de famille : il gère comme il peut sa fortune, aide à l'entretien des prêtres, exerce un métier, se soumet lui-même aux contraintes sociales et les impose aux autres. Il accepte de porter les masques sociaux qui lui fixent un rôle dans la société et la famille. Plus tard, quand les enfants sont prêts à prendre la relève, dans l'après-midi de sa vie, l'homme peut

---

1. J. Kerouac, *Les Clochards célestes*.

rejeter d'un bloc les devoirs sociaux, les charges familiales, les soucis économiques, et il se fait ermite. C'est l'étape du « départ pour la forêt », où il faudra, par le recueillement et la méditation, apprendre à se familiariser avec ce qui, depuis toujours, est demeuré inchangé en nous et attend d'être, à nous-mêmes, éveillé : ce Soi éternel, transcendant les masques, les fonctions, les identités, les histoires. Et le pèlerin enfin succède à l'ermite, dans ce qui doit être l'interminable et glorieuse soirée d'été de notre existence : une vie désormais faite d'itinérance (c'est l'étape du mendiant errant), où la marche infinie, ici et là, illustre la coïncidence entre le Soi sans nom et le cœur partout présent du Monde. Alors le sage a renoncé à tout. C'est la plus haute liberté : celle du détachement parfait. Je ne suis plus impliqué, ni dans moi-même ni dans le monde. Indifférent au passé et au futur, je ne suis rien d'autre que l'éternel présent de la coïncidence. Et, comme on voit dans les *Carnets de pèlerinage* de Swami Ramdas, c'est au moment où on renonce à tout que tout nous est offert, au moment où on ne réclame plus rien que tout est donné, à profusion. Tout, c'est-à-dire l'intensité même de la présence.

On entrevoit bien dans les randonnées longues, cette liberté toute de renoncement. Quand on marche depuis longtemps, il arrive un moment où on ne sait plus trop combien d'heures se sont déjà écoulées, ni combien il en faudra encore pour parvenir au terme, on sent sur ses épaules le poids du strict nécessaire, on se dit que c'est bien assez – si vraiment il faut davantage pour insister dans l'existence – et on sent qu'on pourrait continuer ainsi des jours, des siècles. C'est à peine alors si l'on sait où on va et pourquoi, cela ne compte pas plus que mon passé ou l'heure qu'il est. Et on se sent libre, parce que, dès qu'il s'agit de se rappeler les signes anciens de notre engagement dans l'enfer – nom, âge, profession, carrière –, tout, absolument, apparaît dérisoire, minuscule, fantomatique.

Pourquoi je suis si bon marcheur (Nietzsche)

> « Demeurer le moins possible assis : ne prêter foi à aucune pensée qui n'ait été composée au grand air, dans le libre mouvement du corps – à aucune idée où les muscles n'aient été aussi de la fête. Tout préjugé vient des entrailles. Être "cul-de-plomb", je le répète, c'est le vrai péché contre l'esprit.[1] »

Les ruptures, écrivait Nietzsche, sont difficiles, parce qu'il fait souffrir, le lien qui se détache. Mais à sa place, bientôt, il nous vient une aile. La vie de Nietzsche sera faite de ces détachements, de ces ruptures, de ces isolements : le monde, la société, les compagnons de route ou de travail,

---

1. *Ecce Homo* (« Pourquoi je suis si avisé »).

femmes, amis, parents. Mais chaque creusement de sa solitude aura signifié un approfondissement de sa liberté : pas de comptes à rendre, aucun compromis qui fasse obstacle, la vision claire, dégagée.

Nietzsche aura été un remarquable marcheur, endurant. Il en fait mention très souvent. La marche au grand air fut comme *l'élément* de son œuvre, l'accompagnement invariable de son écriture.

Son existence compte quatre grands actes.

D'abord les années de formation : de sa naissance (1844) à sa nomination à l'université de Bâle comme professeur de philologie. Son père est pasteur, un homme droit et bon, qui meurt jeune. Nietzsche aime à s'imaginer l'ultime rejeton d'une lignée de la noblesse polonaise (les Nietzski). À la mort de son père (ses quatre ans), il devient la promesse de sa mère, de sa grand-mère et de sa sœur. L'objet de leur plus grande sollicitude. Très intelligent, l'enfant va poursuivre sa scolarité au lycée de Pforta, renommé et dur, où il recevra une formation classique. Il sera, là, soumis à un régime de fer dont il reconnaîtra plus tard la grandeur, selon l'équation grecque : il faut savoir obéir pour savoir commander. Sa mère croit en lui et le comble de son admiration, espérant qu'il mettra son intelligence brillante au service de Dieu. Elle le rêve théologien. C'est un gaillard doté d'une santé excellente, souffrant seulement d'une forte myopie, sans doute très mal corrigée. Il poursuit des études brillantes de philologie à l'université de Bonn, puis à Leipzig. À vingt-quatre ans, il est nommé professeur de philologie à l'université de Bâle, sur recommandation du savant Ritschl. C'est exceptionnel pour son âge. S'ouvre le deuxième acte.

Il enseignera dix ans la philologie grecque, dix années difficiles et d'échec. Le travail est énorme : en plus des cours à l'université, il faut aussi en assurer au grand Lycée de la ville (le *Pedagogium*). Mais Nietzsche se voulait-il seulement philologue ? Il avait été tenté longtemps par la musique, puis fasciné par la philosophie. C'est la science philologique qui lui ouvre les bras. Il l'embrasse, le cœur un peu serré, car ce n'est pas là sa vocation ultime. Elle lui permet au moins de lire les Grecs : les tragiques (Eschyle, Sophocle), les poètes (Homère, Hésiode), les sages (Héraclite, Anaximandre) et les historiens (Diogène Laërce le passionne parce que, dit-il, on y voit *les hommes, au-delà des systèmes*). La première année se passe à merveille : il travaille avec ferveur à la rédaction de ses cours, rencontre le succès auprès des étudiants, trouve de nouveaux collègues, dont l'un deviendra l'ami cher, l'ami fidèle : Franz Overbeck, professeur de théologie. L'ami de toujours, celui qu'on appelle à l'aide, celui qui viendra le chercher à Turin, après la catastrophe. C'est en 1869 encore que Nietzsche accomplit un voyage à Lucerne, pour pouvoir se rendre ensuite à Tribschen, où il fait sa visite émue au « Maître » (Wagner), dans son immense et monumentale demeure. Là il se laisse fasciner par Cosima, celle qu'il appellera, dans ses lettres de folie « sa princesse Ariane, ma bien-aimée – un préjugé veut que je sois homme, mais il est vrai que je les ai longtemps fréquentés » (janvier 1889).

L'enthousiasme, l'ardeur au travail universitaire, la santé éclatante sont pourtant de courte durée. Commencent à se multiplier les accès et les crises. Le corps se venge d'une série de malentendus lourds.

Malentendu professionnel. Il éclate avec la parution en 1871 de *La Naissance de la tragédie*, qui laissera interdits, sinon furieux les philologues de métier. A-t-on idée aussi d'écrire un tel ouvrage ? Un livre moins de recherches sérieuses que d'intuitions vagues, métaphysiques : l'éternel conflit du chaos et de la forme. Malentendu en amitiés aussi. Il se rend régulièrement à Bayreuth pour le sacre annuel du Maître, retourne à Tribschen, devient un compagnon de voyages en Europe, mais il comprend toujours davantage que Wagner, dans son dogmatisme fanatique, son arrogance, représente ce qu'il exècre et que sa musique surtout ne convient pas à son estomac : elle le rend malade. La musique de Wagner, écrira-t-il, on s'y noie, c'est un marasme, il faut y « nager » continuellement, elle submerge comme un flot lancinant, chaotique. On perd pied quand on l'écoute. Rossini, lui, donne au contraire envie de danser. Sans parler de la *Carmen* de Bizet. Malentendu sentimental : il se voit opposer des refus à ses demandes de mariage, faites de manière abrupte. Malentendu social enfin. Car il ne parvient à s'enraciner ni dans le tapage mondain de Bayreuth, ni dans les cercles des professeurs et des savants.

Difficile de faire face. C'est tous les semestres plus dur, plus impossible. De plus en plus fréquemment, il est saisi de maux de tête terribles qui le clouent au lit, couché dans le noir, râlant de douleur. Ses yeux le blessent, il peut à peine lire, écrire. Chaque quart d'heure de lecture ou d'écriture est lourdement payé par des heures de migraines. Il demande à ce qu'on lui fasse la lecture, car ses yeux chancellent au contact de la page.

Nietzsche tente le compromis, demandant à être déchargé d'un cours, et même bientôt de tout son enseignement au lycée, obtenant aussi une année de congé pour souffler, récupérer, refaire ses forces.

Mais rien n'y fait.

En même temps, ce qu'il se propose à l'époque comme soin porte la marque de son futur destin : de grandes marches et de grandes solitudes. Contre les douleurs lancinantes, terribles, ces deux remèdes. Fuir l'excitation, les sollicitations, les agitations du monde, toujours payées à prix comptant en heures de souffrance. Et marcher, marcher longtemps pour disperser, distraire, *oublier* les coups de marteau dans les tempes.

Il n'a pas été encore saisi par la minéralité dure des hautes montagnes ou la sécheresse parfumée des sentiers rocailleux du Sud. Il marche surtout au bord des lacs (le lac Léman, avec Gersdorff, six heures de marche par jour), ou il s'enfonce dans l'ombre des forêts (les forêts de sapin, à Steinabad au sud de la Forêt-Noire : « Je marche beaucoup, à travers les forêts, et j'ai avec moi-même de fameux entretiens »).

Au mois d'août 1877, il est à Rosenlaui, et vit en ermite : « Si seulement je pouvais avoir, quelque part, une petite maison ; comme ici, je marcherais six à huit heures par jour, composant des pensées qu'ensuite je jetterais d'un trait sur le papier. »

Mais rien ne réussit. Les douleurs sont trop fortes. Les migraines le clouent au lit des jours durant, des vomissements le tordent de douleur toute la nuit. Ses yeux lui font mal, et sa vue baisse. Il présente en mai 1879 sa lettre de démission à l'université.

S'ouvre ici la troisième grande époque de sa vie. Dix années, de l'été 1879 jusqu'aux premiers jours de 1889. Il vivra cette fois de la réunion de trois petites pensions lui permettant d'exister très modestement, de se loger dans de petites auberges, de payer le train qui l'emmène de la montagne à la mer, de la mer à la montagne, à Venise parfois, visiter Peter Gast. C'est alors qu'il deviendra ce marcheur sans pareil que la légende retient. Nietzsche marche, il marche comme on travaille. Il travaille en marchant.

Dès le premier été, il découvre sa montagne : la haute Engadine, et l'année suivante son village : Sils-Maria. L'air y est transparent, le vent vif, la lumière coupante. Parce qu'il déteste les chaleurs épaisses, il y passera tous les étés, jusqu'à la chute (hormis l'année de Lou). À ses amis (Overbeck, Köselitz), il écrit qu'il a découvert *sa* nature, *son* élément, à sa mère, qu'il y trouve « les meilleurs chemins que puisse espérer le presqu'aveugle que je suis devenu, et l'air le plus tonique » (juillet 1879). C'est son paysage, il s'y sent comme lié par le sang, « et même davantage [1] ».

Dès le premier été, il marche, marche seul jusqu'à huit heures par jour, et écrit *Le Voyageur et son ombre*.

> Tout, à quelques lignes près, a été pensé chemin faisant et griffonné au crayon dans six petits cahiers [2].

Et il passera l'hiver dans les villes du Sud, essentiellement Gênes, la baie de Rapallo, et Nice plus tard (« Je me promène en moyenne une heure le matin, trois heures l'après-midi, à bons

---

1. *Le Voyageur et son ombre*, § 338.
2. Lettre de septembre 1879.

pas – toujours le même chemin : il est assez beau pour supporter la répétition », mars 1888), Menton une seule fois (« J'ai trouvé huit promenades », novembre 1884). Les collines seront son chevalet d'écriture, et la mer sa grand voûte (« La mer et le ciel pur ! Qu'avais-je à me torturer autrefois ! », janvier 1881).

Et marchant, dominant le monde et les hommes, il compose au grand air, imagine, découvre, s'exalte, s'effraie de ce qu'il trouve, bouleversé et saisi par ce qui lui *tombe* dans ses marches.

> L'intensité de mes sentiments me fait rire et frissonner à la fois – il m'est arrivé plusieurs fois de ne pouvoir quitter ma chambre pour la raison ridicule que mes yeux étaient rougis – et par quoi ? C'est que la veille j'avais, au cours de mes longues marches, trop pleuré, et pas de ces larmes sentimentales, mais des larmes de félicité, chantant et chancelant, saisi d'un regard neuf qui marque mon privilège sur les hommes d'aujourd'hui [1].

Il aura, en dix ans, écrit ses plus grands livres, d'*Aurore* à *La Généalogie de la morale*, du *Gai Savoir* à *Par-delà bien et mal*, sans oublier *Zarathoustra*. Il

---

1. Lettre d'août 1881.

devient l'ermite (« me retrouver à nouveau ermite, et faire dix heures par jour des marches d'ermite », juillet 1880), le solitaire, le voyageur.

La marche ici n'est pas, comme chez Kant, ce qui distrait du travail, cette hygiène minimale permettant au corps de se remettre d'être resté assis, courbé, cassé en deux. Pour Nietzsche, elle est la condition de l'œuvre. Plus que sa détente, ou même son accompagnement, la marche est proprement son *élément*.

> Nous ne sommes pas de ceux qui ne pensent qu'au milieu des livres et dont l'idée attend pour naître les *stimuli* des pages ; notre *êthos* est de penser à l'air libre, marchant, sautant, montant, dansant, de préférence sur les montagnes solitaires ou sur les bords de mer, là où même les chemins se font méditatifs[1].

Tant d'autres ont écrit leurs livres à partir seulement de la lecture d'autres livres, tant de livres sentent l'odeur de renfermé des bibliothèques. À quoi est-ce qu'on juge un livre ? À son odeur

---

1. *Le Gai Savoir*, § 366.

(et plus encore, comme on verra : à sa cadence). À son odeur : beaucoup trop de livres sentent l'atmosphère épaisse des cabinets de lecture ou des bureaux. Pièces sans lumière, peu aérées. L'air circule mal entre les rayonnages et se charge des moisissures, de la décomposition lente du papier, de l'altération chimique de l'encre. L'air y est chargé de miasmes.

D'autres livres respirent un air vif : l'air vif du dehors, le vent des hautes montagnes, soit ce souffle glacé des hauteurs claquant le corps, ou bien, au matin, l'air frais des sentiers du Sud bordés de pin, traversés de parfums. Ces livres-là *respirent*. Ils ne sont pas surchargés, pas saturés d'érudition morte, vaine.

> Oh, nous comprenons très vite si l'auteur est parvenu à son idée en demeurant assis face à son encrier, le ventre tassé, la tête prise dans ses papiers. Comme on lit vite son livre ! La compression des intestins se fait aussi vite sentir que l'air raréfié, le plafond bas, la pièce exiguë.[1]

Mais il y a aussi la recherche d'une autre lumière. Les bibliothèques sont trop sombres

---

1. *Ibid.*

toujours. L'entassement, l'empilage, la juxtaposition indéfinie des volumes, la hauteur des étagères, tout converge pour empêcher le jour de passer.

D'autres livres réfléchissent la lumière coupante des montagnes, ou l'étincellement de la mer au soleil. Et surtout : les couleurs. Les bibliothèques sont grises, et gris les livres qui s'y écrivent : tout est surchargé de citations, de références, de notes de bas de page, de prudence explicative, de réfutations indéfinies.

Il faut parler enfin du corps des scribes : ses mains, ses pieds, ses épaules et ses jambes. Le livre, comme expression d'une physiologie. Dans trop de livres, on sent le corps plié, assis, courbé, ratatiné sur lui-même. Le corps qui marche est déplié et tendu comme un arc : ouvert aux grands espaces comme la fleur au soleil. Le torse exposé, les jambes tendues, les bras élancés.

> Pour faire l'estimation d'un livre, d'un homme, ou d'une musique, notre premier réflexe est de nous demander : Sait-il marcher ?[1]

---

1. *Ibid.*

Les livres des auteurs, ceux prisonniers de leurs murs, greffés sur leurs chaises, sont indigestes et lourds. Ils naissent de la compilation des autres livres sur la table. Ce sont des livres comme des oies grasses : gavés de citations, bourrés de références, alourdis d'annotations. Ils sont pesants, obèses et se lisent avec lenteur, ennui, difficulté. Ils font un livre avec d'autres livres, en comparant des lignes avec d'autres, en répétant ce que les autres ont dit de ce que d'autres encore auraient bien raconté. On vérifie, on précise, on rectifie : une phrase devient un paragraphe, un chapitre. Un livre devient le commentaire de cent livres sur une phrase d'un autre.

Celui qui compose en marchant est au contraire libre d'attaches, sa pensée n'est pas esclave des autres volumes, pas appesantie par les vérifications, pas alourdie par la pensée des autres. Aucun compte à rendre, à personne. Seulement penser, juger, décider. C'est une pensée qui naît d'un mouvement, d'un élan. On y ressent l'élasticité du corps, le mouvement de la danse. Elle retient, elle exprime l'énergie, le bondissement du corps. Penser la chose même, sans le brouillage, le brouillard, le barrage, la douane de la culture et de la tradition. Ce ne seront point de longues démonstrations suivies, mais des pensées légères et profondes. Le pari, c'est bien cela : plus une pensée est légère, plus elle s'élève, et devient profonde parce qu'à la verticale, vertigineusement, des marais épais des convictions, de l'opinion, des savoirs institués. Alors que les livres conçus dans les bibliothèques sont, au contraire, superficiels et lourds. Ils demeurent au niveau du recopiage.

Penser en marchant, marcher en pensant, et que l'écriture ne soit que la pause légère, comme le corps dans la marche se repose par la contemplation des grands espaces.

Ce qui signifie, pour finir, chez Nietzsche un éloge du pied. On n'écrit pas qu'avec sa main. On n'écrit bien qu'« avec ses pieds[1] ». Le pied est un excellent témoin, peut-être le plus sûr. Il faut savoir si, en lisant, le pied « dresse l'oreille » – car le pied écoute chez Nietzsche, comme on lit dans le deuxième « chant de danse » de Zarathoustra : « Mes orteils se dressèrent pour écouter ; car ses oreilles, le danseur les porte sur les orteils » – s'il frémit de plaisir à la lecture parce qu'invité à la danse, au départ, au *dehors*. Pour juger de la qualité d'une musique, il faut faire confiance au pied. Si, en écoutant, l'envie prend au pied de marquer

---

1. *Le Gai Savoir*, Prologue, § 59.

la cadence, d'appuyer la terre pour bondir, c'est bon signe. Toute musique est une invitation à la légèreté. La musique de Wagner ainsi déprime le pied : elle le panique, il ne sait plus comment se mettre. Pire encore, il s'alanguit, se traîne, tourne dans tous les sens et s'irrite.

En écoutant Wagner, comme il dira dans ses derniers textes, impossible de ressentir le désir de danser, car on est submergé dans des méandres de musique qui tourbillonnent, des torrents vagues, des élancements confus.

> Dès que cette musique agit sur moi, je ressens aussitôt de la difficulté à respirer : mon pied s'énerve et se révolte ; c'est qu'il voudrait pouvoir marquer la cadence, danser, marcher – c'est qu'il réclame de la musique surtout l'ivresse de bien marcher [1].

Nietzsche, on l'a vu, marchait tout le jour, griffonnant çà et là ce que ce corps en marche, qui s'affrontait au ciel, à la mer, aux glaciers, inspirait à sa pensée, de ce défi. Je retiens de ces marches toujours le mouvement ascensionnel. Je suis, dit Zarathoustra, « l'homme qui voyage, qui gravit les montagnes ; je n'aime pas les plaines, je

---

1. *Le Cas Wagner* (Là où je trouve à redire).

ne puis demeurer longtemps en paix assis ; et quel que soit mon destin futur et ce que je pourrai vivre encore, il faudra un cheminement et des ascensions ; car c'est toujours de soi-même qu'on fait expérience [1] ». Marcher chez Nietzsche, c'est d'abord s'élever, grimper, monter.

À Sorrente déjà en 1876, il choisissait, pour les promenades quotidiennes, les sentiers des montagnes derrière la ville. De Nice, il aimait gravir le sentier qui parvenait raide jusqu'au petit village d'Eze, d'où l'on était comme à pic au-dessus de la mer. De Sils-Maria, il empruntait les chemins qui montaient jusqu'à des vallées hautes. À Rapallo, il gravissait le Monte Allegro (« le principal sommet de la région »).

Chez Nerval, les sentiers de forêts – plats labyrinthes –, les faibles plaines invitent le corps marchant à la douceur, à la langueur. Et remontent des souvenirs comme un mouvement des brumes. L'air est plus vif chez Nietzsche, et sec surtout, transparent. La pensée est coupante, le corps est éveillé, frémissant. Ce ne peuvent être alors des souvenirs qui remontent, mais des jugements qui tombent : diagnostics, trouvailles, incises, jugements.

---

1. *Ainsi parlait Zarathoustra* (« Le Voyageur »).

Le corps qui monte fait effort, il est en tension continue. Il aide la pensée dans son inspection : encore un peu plus loin, un peu plus haut. Il faut ne pas faiblir, mobiliser l'énergie pour avancer, appuyer fermement le pied et hisser le corps lentement, puis refaire l'équilibre. Ainsi la pensée : une idée pour s'élever à encore plus d'incroyable, d'inouï, de *nouveau*.

Et puis encore : il s'agit de prendre de la hauteur. Il y a des pensées qui ne peuvent venir qu'à six mille pieds au-dessus des plaines et des rivages mornes.

> « Six mille pieds au-dessus de l'homme et du temps. » Ce jour-là, je marchais à travers bois, le long du lac de Silvaplana ; je m'arrêtai non loin de Surlei, auprès d'un bloc de rocher énorme, dressé comme une pyramide. C'est alors que cette pensée m'advint.[1]

Savoir le monde s'agiter sous ses pieds. *Suave turba magna...* Qu'il est doux de deviner, depuis la transparence des glaciers, croupir sur place, bien en-dessous, la foule immobile ? Pourtant non, l'aristocratie de Nietzsche ne va pas jusqu'à cet arrogant mépris.

---

1. *Ecce Homo* (Ainsi parlait Zarathoustra).

C'est plutôt qu'il faut avoir, pour penser, une vue dégagée, être en surplomb, disposer d'un air transparent. Il faut de la désinvolture pour pouvoir penser loin. Et qu'importent alors les détails, les précisions, les exactitudes : c'est la nervure du destin des hommes qu'il faut voir dessinée. De très haut, on voit le mouvement des paysages, le dessin des collines. Ainsi l'histoire : l'Antiquité, le christianisme, l'âge moderne. Qu'est-ce que cela produit comme types, personnages, essences ? Dès qu'on a le nez collé aux dates, aux faits, tout se replie sur sa particularité crispée. Alors qu'il faut construire des fictions, des mythes, des destins *généraux*.

> Il nous faut encore grimper un bon bout de chemin, lentement, mais toujours plus haut, afin de gagner un point de vue bien dégagé sur notre vieille civilisation.[1]

Quelque chose de net comme le tracé d'un chemin. Pas ce mépris bête des assis, et même plutôt cette compassion dont Nietzsche reconnaît qu'elle a toujours été *son* problème (« depuis que je suis enfant, je n'ai jamais arrêté de vérifier que "la pitié

---

1. Lettre de juillet 1876.

est mon plus grand péril" », septembre 1884), cette compassion à voir ainsi les humains s'affairer, se rendre à la messe ou aux jeux, quêter la reconnaissance des semblables, s'embourber dans des images tristes : pauvres d'eux-mêmes. Alors que, de là-haut, on comprend ce qui rendit l'homme malade, le poison des morales sédentaires.

Et puis, il y a toujours, au cours de très longues promenades, ce passage des cols où tout à coup un autre paysage se donne. Il y a l'effort, la montée, et puis le corps se retourne et voit à ses pieds l'immensité offerte, ou bien au détour d'un chemin, c'est une transformation : une chaîne de montagnes, une splendeur *qui attendait*.

Beaucoup d'aphorismes sont construits sur ces renversements de perspective, ces exclamations finales où *autre chose se découvre*, le secret d'une trouvaille comme un paysage neuf, et la jubilation qui accompagne.

Il faudrait dire enfin ce que l'Éternel Retour doit à l'expérience de la marche. Sachant aussi que les longues excursions de Nietzsche se faisaient sur des chemins connus, des parcours repérés qu'il aimait répéter. Il y a toujours, pour qui a marché longtemps afin de parvenir au détour du chemin à une contemplation recherchée, quand elle vous est donnée, une vibration du paysage. Il se répète dans le corps du marcheur. L'accord des deux présences, comme deux cordes qui consonnent, vibrent et se nourrissent chacune de la vibration de l'autre, c'est comme une relance indéfinie.

L'Éternel Retour, c'est de déplier dans un cercle continu la *répétition* de ces deux affirmations, de transformer en cercle la vibration des présences. L'immobilité du marcheur face à celle du paysage, c'est l'intensité même de cette co-présence qui fait naître une circularité indéfinie d'échanges : j'ai toujours été là, demain, à contempler ce paysage.

Déjà pourtant, au milieu des années 1880, ici et là Nietzsche se plaint de ne plus pouvoir marcher aussi bien qu'il le faisait auparavant. Il souffre du dos et se voit obligé de passer de longs moments étendu dans une chaise. Il insiste pourtant, mais ses promenades deviennent moins longues. Il se fait parfois même accompagner. L'« ermite de Sils », comme on l'appelait, part désormais souvent en promenade avec des protectrices, de jeunes admiratrices : Helen Zimmern qui a traduit son *Schopenhauer éducateur*, Meta von

Salis, la jeune aristocrate qui lui donne l'immense caution de la noblesse locale, Resa von Schirnhofer l'étudiante, Hélène Druscowitz éveillée à la philosophie.

Les promenades ne sont plus les mêmes, moins solitaires. Nietzsche fait de plus en plus l'honnête homme, le galant, entouré de femmes cultivées. Il fait visiter le rocher auprès duquel il reçut l'illumination de l'Éternel Retour, fait des confidences poignantes sur son amitié avec Wagner.

Et la souffrance le rattrape, lentement : à partir de 1886, il se plaint à nouveau de migraines atrocement longues. Les vomissements reprennent aussi. À chaque voyage qu'il accomplit, il lui faut plusieurs jours pour se remettre. Parfois une promenade un peu longue le fatigue pour plusieurs jours.

Les villes le dégoûtent de plus en plus : il les trouve sales, chères. Il n'a pas de quoi, pendant ses séjours d'hiver, se payer à Nice des chambres exposées au sud, et souffre du froid. À Sils, l'été, le temps lui semble souvent trop mauvais. Venise lui paraît atrocement déprimante. Son état se dégrade.

Métamorphose ultime. C'est le dernier acte de sa vie qui débute comme un chant de renouveau, une ode à la joie. Il découvre Turin, une première fois, au mois d'avril 1888. C'est comme une illumination : la ville est absolument classique « pour les pieds comme pour les yeux – et quel pavé ! ». Les grandes promenades le long du Pô l'enchantent.

Après un dernier été plus que maussade à Sils (« éternels maux de tête, éternels vomissements »), il retourne à Turin en septembre. C'est à nouveau la joie, le même miracle.

C'est un état de bonheur soudain, de santé magnifique. Les souffrances se sont toutes arrêtées, comme par enchantement. Il ne sent plus son corps que comme une légèreté, un élan. Il travaille vite, bien. Ses yeux ne lui font plus mal. Son estomac supporte tout. En quelques mois, il écrira plusieurs livres, comme des traînées de poudre. Il marche avec passion et accumule, le soir, les notes pour son grand œuvre sur la *Transvaluation*.

Premiers jours de janvier 1889, Joseph Burkardt reçoit de Nietzsche une lettre datée du 6. Il s'alarme : c'est la lettre d'un dément, d'un fou (« Au bout du compte, j'aurais mieux aimé être professeur à Bâle que Dieu ; mais j'ai hésité à pousser l'égoïsme à ce point que je me dispense de la création du monde »).

D'autres lettres de cette première semaine de janvier témoignent du même état. Nietzsche signe Dionysos, ou le Crucifié (« une fois découvert, il t'a été facile de me trouver ; la difficulté sera désormais de me perdre »).

Burkardt prévient aussitôt Overbeck, qui se précipite à Turin. Il y arrive, peine à retrouver Nietzsche dans sa petite location, chez Fino.

Ses logeurs ne savent plus quoi faire : Nietzsche est devenu incontrôlable. Il se serait accroché, en pleurant longuement, au cou d'un cheval que son cocher aurait battu. Il déambule en tenant des propos incohérents, harangue la foule, suit des enterrements en se disant le mort.

Overbeck entre et trouve Nietzsche tassé dans un fauteuil, hagard, regardant effaré les épreuves de son dernier opuscule. Levant les yeux, il aperçoit son ami de toujours. Sous le choc de la surprise, Nietzsche se lève, se jette à son cou : il l'a reconnu. Et il pleure. Il s'accroche en pleurant. Comme s'il voyait, écrit Overbeck, l'abîme qui s'ouvrait sous lui.

Puis il se rassied, se recroqueville à nouveau.

Nietzsche fait désormais de grands discours : il est un prince et on lui doit tous les égards. On le mène au train : il chante à tue-tête et vocifère. Il est fou. On parvient à le ramener jusqu'à Bâle en lui disant qu'on y attend Son Honneur pour une réception digne de Lui.

Nietzsche est fou. Il est accueilli à la clinique de Bâle. Il passe de Bâle à Iéna, sans notable progrès. Sa mère finit par le prendre chez elle, à Naumburg. Elle s'en occupera jusqu'à sa propre mort avec dévouement, patience, amour. Elle le lave, le soigne, le console, le promène, le veille. Pendant sept ans.

Nietzsche se mure toujours davantage dans le silence, ou tient des discours incohérents. Ses phrases sont des lambeaux, des vestiges. Il ne pense plus. Parfois encore, il improvise au piano. Il n'a plus jamais de migraines, ses yeux ne lui font plus mal.

Sa mère comprend que seules les longues promenades lui font du bien. Mais ce n'est pas facile : dans la rue il s'en prend aux passants, pousse des mugissements. Elle réduit bientôt les sorties, parce qu'elle a honte, honte de son grand fils de quarante-quatre ans qui pousse des cris d'ours, ou invective le vent. Ou bien alors, elle sort en fin d'après-midi, quand il n'y a plus personne, que la lumière est tombée, et il peut pousser ses cris sans inquiéter personne.

Mais bientôt, c'est le corps lui-même qui fait obstacle : la paralysie gagne le dos progressivement. Nietzsche se retrouve en fauteuil : on le pousse, on le déplace. Il regarde ses mains de longues heures, l'une après l'autre, ou tient des livres à l'envers en maugréant quelques mots. Il se tasse dans un fauteuil, pendant qu'autour de lui on s'agite. Il est redevenu un enfant. Sa mère le promène en fauteuil roulant sous la véranda. À partir de l'automne 1894, il ne reconnaît plus que ses proches (sa mère et sa sœur), demeure prostré. Le plus souvent immobile, tassé dans un fauteuil, à regarder ses mains. De très rares phrases : « Somme toute, mort » ; « Je ne sème pas les chevaux » ; « Plus de lumière ».

L'effondrement est lent, inéluctable. Les yeux s'enfoncent, le regard devient vertigineusement retiré.

Il meurt le 25 août 1900, à Weimar.

> Il est probable que je sois, pour les hommes à venir, une fatalité, la fatalité, – il est par conséquent absolument possible que je devienne un jour muet, par amour des hommes !!!

Dehors

Marcher, c'est être dehors. Dehors, à « l'air libre » comme on dit. Marcher provoque l'inversion des logiques du citadin, et même celle de notre condition la plus répandue.

Quand on va « dehors », c'est toujours pour passer d'un « dedans » à un autre : de la maison au bureau, de chez soi aux magasins de proximité. On sort pour aller faire quelque chose, ailleurs. Dehors, c'est une transition : ce qui sépare, presque un obstacle. Entre ici et là. Mais ça n'a pas de valeur propre. Le trajet de chez soi au métro, on le fait par tous les temps, avec un corps pressé, l'esprit retenu encore par les détails privés et projeté déjà vers les obligations du travail, les jambes au galop, pendant que la main vérifie, tâtonnant nerveusement les poches, qu'on n'a rien oublié. Dehors existe à peine : comme un grand couloir qui sépare, un tunnel, un sas immense.

Parfois aussi, on sort simplement « prendre l'air » : pour s'arracher aux pesanteurs de l'immobilité des objets et des murs, parce qu'on se sent trop étouffer à l'intérieur, pour « s'aérer » quand le soleil là-bas brille et qu'il s'avère décidément trop injuste de se refuser à la lumière, à cette exposition. Alors oui, on sort faire quelques pas, simplement pour être dehors, et pas pour se rendre ici ou là. Sentir la fraîcheur vive d'une brise de printemps, ou la tiédeur fragile d'un soleil d'hiver. Un interlude. Une pause qu'on se ménage. Les enfants aussi sortent pour simplement sortir. « Aller dehors » cette fois, c'est : jouer, courir, rire. Plus tard « sortir » voudra dire : rejoindre des amis, être loin des parents, faire autre chose. Mais le plus souvent, encore une fois dehors se tient entre deux intérieurs : un relais, une transition. C'est de l'espace qui prend du temps.

Dehors.

Dans les marches s'étalant sur plusieurs jours, en grande excursion, tout s'inverse. « Dehors » n'est plus une transition, mais l'élément de la stabilité. Cela s'inverse : on va de gîte en gîte, de refuge en refuge. Et c'est le « dedans » toujours qui se transforme, indéfiniment variable. On ne dort pas deux fois dans le même lit, d'autres hôtes font l'accueil chaque soir. Surprise renouvelée des décors, des ambiances. Variété des murs, des pierres.

On s'arrête. Le corps est fatigué, la nuit tombe, il faut trouver repos. Mais ces dedans sont des jalons chaque fois, des moyens de rester dehors plus longtemps, des transitions.

Il faut dire aussi l'étrange impression que font les premiers pas, ceux du matin. On a consulté la carte, décidé du chemin, pris congé, équilibré le sac, repéré le sentier, on s'est assuré de la direction. Tout ce qui suppose un léger piétinement, des retours en arrière, des ponctuations : on s'arrête, on vérifie, on tourne sur place. Et puis le sentier s'ouvre. On s'engage, on prend le rythme. On relève la tête, et nous voilà partis, mais partis pour marcher, pour rester dehors. C'est là, bien là, c'est bien cela, on y est. Dehors, c'est notre élément : la sensation exacte d'y habiter. On quitte un gîte pour un autre, mais la continuité, ce qui dure et insiste, ce sont ces reliefs qui m'environnent, ces enchaînements de collines toujours là. Et c'est moi qui tourne autour, je m'y promène comme chez moi : en marchant, je prends la mesure de ma demeure. Ce qu'on traverse comme des passages obligés, ce qu'on parcourt et qu'on laisse derrière soi, ce sont les chambres d'une nuit, les salles à manger d'un soir, leurs habitants, leurs fantômes, mais pas le paysage.

Ainsi la grande séparation du « dehors » et du « dedans » se trouve bouleversée par la marche. Il ne faudrait pas dire qu'on traverse les montagnes, les plaines, et qu'on s'arrête dans les gîtes. C'est presque le contraire : pendant plusieurs jours, j'habite un paysage, j'en prends lentement possession, j'en fais mon site.

Et peut éclore alors cette impression étrange du matin, quand on a laissé derrière soi les murs du repos, qu'on se retrouve les joues au vent, tout au milieu du monde : c'est bien ici chez moi tout le jour, c'est là que je vais demeurer en marchant.

Lenteur

Je me souviendrai longtemps de sa phrase. Nous étions à monter un chemin raide dans les Alpes italiennes. Mateo avait bien sur moi l'avantage, à l'époque, d'un demi-siècle au moins : plus de soixante-quinze ans. Il était mince comme un fil, de grandes mains rugueuses, visage creusé, et il se tenait droit toujours. Il pliait les bras en marchant, comme on se tient quand on a froid, et portait un pantalon de toile beige.

C'est lui qui m'apprit à marcher. Et moi pourtant qui disais tout à l'heure : on n'apprend pas à marcher, au moins là, pas de technique, pas d'histoire d'y arriver ou pas, de faire comme ceci plutôt que comme cela, s'y reprendre, répéter, se concentrer. Marcher, tout le monde sait faire. Un pied devant l'autre, c'est la bonne mesure, la bonne distance pour aller quelque part, n'importe où. Et il suffit de recommencer.

Un pied devant l'autre.

Mais quand je dis « apprendre », c'est pour une phrase. Depuis quelques minutes qu'on se trouvait à marcher sur un sentier grimpant, il y avait comme une pression derrière. Un groupe de jeunes gens, bruyants, qui voulaient aller vite, nous dépasser, tapait un peu fort du pied pour faire sentir sa présence. Alors on s'est mis de côté, on a laissé passer la troupe claironnante, pressée, qui remerciait avec des sourires fiers. Et c'est là qu'en les regardant filer Mateo dit : « Alors quoi, ils ont peur de ne pas arriver pour vouloir marcher si vite ! »

La leçon, c'était que, dans la marche, le signe authentique de l'assurance est une bonne lenteur. Je veux parler pourtant d'une lenteur du marcheur qui n'est pas exactement le contraire de la vitesse. C'est d'abord l'extrême régularité des pas, leur uniformité. C'est à ce point qu'on dirait presque que le bon marcheur glisse, ou plutôt il faudrait dire que ses jambes *tournent*, formant des cercles. Le mauvais marcheur peut aller parfois vite, accélérer, puis ralentir. Ses mouvements seront saccadés, les jambes dessineront des angles cassés. Sa rapidité sera faite d'accélérations subites, suivies de respirations lourdes. De grands mouvements volontaires, des décisions à chaque fois où le corps est poussé, tiré. Visages rouges et suants. La lenteur est surtout le contraire de la précipitation.

Quand nous rejoignîmes au sommet le groupe des « sportifs », ils étaient assis à commenter avec enthousiasme leur score et faire d'incroyables calculs. S'ils se pressaient ainsi, c'est qu'ils voulaient faire un temps. *Faire un temps*, drôle d'expression. Nous nous sommes arrêtés un moment, pour regarder le paysage et, alors que le groupe continuait à faire de longs commentaires et des comparaisons interminables, nous sommes lentement repartis.

L'illusion de la vitesse, c'est de croire qu'elle fait gagner du temps. Le calcul paraît simple à première vue : faire les choses en deux heures plutôt que trois, gagner une heure. C'est un calcul abstrait pourtant : on fait comme si chaque heure de la journée était celle d'une horloge mécanique, absolument égale.

Mais la précipitation et la vitesse accélèrent le temps, qui passe plus vite, et deux heures à se presser écourtent une journée. Chaque instant est déchiré à force d'être segmenté, rempli à craquer, on empile dans une heure une montagne de choses.

Les journées à marcher lentement sont très longues : elles font vivre plus longtemps, parce qu'on a laissé respirer, s'approfondir chaque heure, chaque minute, chaque seconde, au lieu de les remplir en forçant les jointures. Se presser, c'est faire plusieurs choses à la fois, et vite. Ceci, puis cela, et encore autre chose. Quand on se presse, le temps est plein à craquer, comme un tiroir saturé parce que, sans ordre, on a empilé des choses et d'autres.

La lenteur, c'est de coller parfaitement au temps, à ce point que les secondes s'égrènent, font du goutte-à-goutte comme une petite pluie sur la pierre. *Cet étirement du temps approfondit l'espace.* C'est un des secrets de la marche : une approche lente des paysages qui les rend progressivement familiers. C'est comme la fréquentation régulière qui augmente l'amitié. Ainsi un profil de montagne qu'on tient avec soi tout le jour, qu'on devine sous différentes lumières, et qui se précise, s'articule. Quand on marche, rien ne bouge, ce n'est qu'imperceptiblement que les collines s'approchent, que le paysage se transforme. On *voit*, en train ou en voiture, une montagne venir à nous. L'œil est rapide, vif, il croit avoir tout compris, tout saisi. En marchant, rien ne se déplace vraiment : c'est plutôt que la présence s'installe lentement dans le corps. En marchant, ce n'est pas tant qu'on se rapproche, c'est que les choses là-bas insistent toujours davantage dans notre corps.

Le paysage est un paquet de saveurs, de couleurs, d'odeurs, où le corps infuse.

La rage de fuir
(Rimbaud)

> « Je ne puis vous donner une adresse en réponse à ceci, car j'ignore personnellement où je me serai trouvé entraîné prochainement, et par quelles routes, et pour où, et pour quoi, et comment ! [1] »

Pour Verlaine, il était « l'homme aux semelles de vent ». Lui-même, très jeune, s'était jugé ainsi : « Je suis un piéton, rien de plus. » Rimbaud marcha sa vie durant.

Obstinément, avec rage. De quinze à dix-sept ans, il marche pour rejoindre les grandes villes : le Paris des espérances littéraires, pour se faire connaître des cercles du Parnasse, rencontrer des poètes comme lui, lui désespérément seul, se faire

---

1. Lettre d'Aden, 5 mai 1884.

aimer (lire ses poèmes) ; vers Bruxelles encore, pour faire carrière dans le journalisme. De vingt à vingt-quatre ans, il tente plusieurs fois la route du Sud. Revenant chez lui passer l'hiver. Préparation au voyage. Ce sont des allers-retours incessants entre les ports de la Méditerranée (Marseille ou Gênes) et Charleville. Marcher vers le soleil. Et de vingt-cinq ans jusqu'à sa mort, ce sont les chemins du désert. Marcher cette fois dans le soleil. D'Aden à Harar, plusieurs fois.

> Allons ! La marche, le fardeau, le désert, l'ennui et la colère.

À quinze ans, fasciné par la ville des poètes, Paris, et parce qu'il se sentait décidément trop seul et inutile à Charleville, Rimbaud, plein de rêves naïfs, fugue. Il part à pied, un matin du mois d'août, très tôt, sans rien dire. Il marche jusqu'à Givet sans doute, et prend le train. Mais les livres revendus (livres de prix, comme il était un excellent élève) ne suffisent pas à payer le trajet complet jusqu'à la capitale. Arrivé à Paris, gare de Strasbourg, la police l'attend : il est arrêté pour vol, vagabondage, et aussitôt conduit au dépôt de la préfecture, puis à la prison de Mazas. Son professeur de rhétorique, le fameux Izambard, vole à son secours, et règle, pour libérer son élève, à la Compagnie des chemins de fer le solde impayé du voyage. La ligne pour Charleville étant toujours coupée, à cause de la guerre, Rimbaud se rend à Douai, dans la famille de son protecteur. Il y coule des journées heureuses, à parler littérature, choyé par de grandes sœurs. Mais sa mère le rappelle.

À peine un mois plus tard, Rimbaud revend d'autres livres, et fugue à nouveau. Il prend le train jusqu'à Fumay, puis continue à pied, de village en village (Vireux, Givet), en longeant la Meuse. Jusqu'à Charleroi.

> Depuis huit jours, j'avais déchiré mes bottines
> Aux cailloux des chemins. J'entrais à Charleroi.

Là il propose ses services au *Journal de Charleroi*, qui refuse. Rimbaud se rend alors à Bruxelles, sans un sou, toujours à pied, pour y retrouver, au moins le croit-il, Izambard, son protecteur : cinquante kilomètres.

> Je m'en allais, les poings dans mes poches crevées ;
> Mon paletot aussi devenait idéal ;

> J'allais sous le ciel, Muse ! et j'étais ton féal ;
> Oh ! là là ! que d'amours splendides j'ai rêvées !

Cinquante kilomètres d'exclamation joyeuse, les mains dans les poches en rêvant de gloire littéraire et d'amour. Izambard n'y est pas. Durand, l'ami du professeur, lui donne de quoi repartir. Rimbaud ne rentre pas directement chez lui, mais à Douai, sa nouvelle famille : « C'est moi, je suis revenu. » Il arrive chargé d'une poésie née tout au long des chemins – des illuminations de fugues –, composée au rythme des sentiers et des bras qui se balancent.

Poésie du bonheur, du repos festif dans les auberges de campagne. La satisfaction du chemin parcouru, le corps rempli d'espace. La jeunesse.

> Bienheureux, j'allongeai les jambes sous la table.

Des jours et des jours de marche en automne, dans les couleurs blondes. Des nuits rieuses dehors, au bord des chemins, sous le toit des étoiles.

> Mon auberge était à la Grande-Ourse.
> – Mes étoiles au ciel avaient un doux frou-frou.

Rimbaud recopie soigneusement ses inventions, sur de grandes feuilles blanches. Heureux, sentant l'affection de sa nouvelle famille. Il a seize ans. Le 1er novembre, la mère Rimbaud (« bouche d'ombre ») ordonne à Izambard de lui rendre sans délai son fils. Par la police, « pour éviter les frais ».

Février 1871, c'est la guerre franco-prussienne. Rimbaud rêve toujours à Paris, dont il n'avait connu, la première fois, que les murs d'une prison. Dans Charleville, le froid persiste. Arthur prend l'air important, se laissant pousser les cheveux, démesurément. Il arpente fièrement la rue principale en fumant la pipe. Il enrage. Toujours sans rien dire, en cachette, il prépare sa fugue nouvelle. Il a revendu cette fois une montre en argent, et possède assez pour s'acquitter d'un ticket de chemin de fer jusqu'à destination. Le 25 février, il erre dans Paris, contemplant avec émoi les vitrines des libraires, s'enquérant de ce qui se fait de nouveau en poésie, couchant dans les bateaux à charbon, se nourrissant de restes, tâchant fiévreusement de prendre contact avec le Cénacle. Mais l'heure n'est pas à la littérature : les Prussiens entrent, la ville se couvre de voiles noirs. L'estomac vide comme ses poches, Rimbaud traverse les lignes ennemies pour retourner chez lui, à pied, gagnant parfois le secours de carrioles paysannes. Il rentre à la maison « presque nu, de nuit, et atteint d'une grosse bronchite ».

Serait-il au printemps reparti ? Une légende, une réalité ? L'énigme. Saura-t-on jamais ? Rimbaud a dû frémir aux nouvelles de la Commune. Il enrage à Charleville de sentir qu'on se révolte là-bas, lui l'auteur d'une constitution communiste. Son enfance avait été pieuse, mais il est devenu farouche républicain, anticlérical cinglant. L'annonce du soulèvement, au nom de la fraternité et de la liberté, le met en transe : « l'ordre est vaincu ». La Commune est décrétée au mois de mars. Il aurait été vu à Paris, au mois d'avril. On ne saura jamais. Delahaye raconte qu'Arthur se fit fédéré, qu'il fut enrôlé volontaire à la caserne de Babylone. Franc-tireur. L'épisode aurait duré quinze jours. Arrivé par un bateau à charbon, il serait revenu chez lui à pied, à bout de misère et de souffle. Quand on n'a pas d'argent.

Il retourne une quatrième fois (ou troisième seulement ?) à Paris. Cela devait être vraiment, cette fois, la consécration. Automne 1871. Il touche à ses dix-sept ans. Cette fois sa mère est prévenue. Presque un voyage officiel. C'est qu'on l'attend là-bas. Il est même invité, sur relations, par Verlaine subjugué (« venez, venez vite, *grande chère âme* »), à qui il avait envoyé ses poèmes. On s'est collecté pour lui payer le train. Rimbaud apporte à Paris son *Bateau ivre*, comme gage, offrande, preuve.

Suivront, on le sait, trois années longues pendant lesquelles Verlaine entretient Rimbaud, trois longues années d'une relation orageuse, passionnée : folies zutiques, trois séjours ensemble tourmentés à Londres, beuveries ignobles, monstrueux orages et réconciliations sublimes, le coup de feu malheureux qui termine tout à Bruxelles. Verlaine va en prison. Quelques retours à la case départ (Charleville ou Roche) pour le compagnon de feu. Toujours, il s'y ennuie affreusement. Ses aventures avec Verlaine l'auront éloigné des coteries littéraires. Il traîne depuis ses débuts à Paris une réputation de sale gosse, de voyou sale et grossier, d'alcoolique invétéré.

En 1875, il a vingt ans, a écrit la *Saison en enfer*, ses *Illuminations*, peut-être une *Chasse spirituelle* à jamais perdue. Il ne composera plus. La publication de sa *Saison* fut un triste désastre. Il ne peut payer l'éditeur et emporte seulement quelques exemplaires. Il ne verra jamais paraître ses *Illuminations*. En cinq ans, un gamin aura transformé toute la littérature. Il n'écrira plus un seul poème.

Beaucoup de lettres sans doute, au style télégraphique (des éclairs), mais plus un seul poème. Il marchera encore, obstinément, beaucoup.

Cette fois, il veut voyager loin, il apprend les langues, seul dans sa chambre. Il étudie l'allemand, se met à l'italien, envisage l'espagnol, travaille sur un dictionnaire gréco-russe, sans doute aussi des rudiments d'arabe. Pendant cinq années, il passera ses hivers à apprendre. Les marches longues seront pour le printemps.

1875 : de Stuttgart, il décide de se rendre en Italie. Il traverse la Suisse, d'abord en train, mais se trouve à court d'argent bientôt. Il continue à pied, gravit le Saint-Gothard, et arrive épuisé à Milan où une femme mystérieuse le recueille. Il veut aller à Brindisi, en marchant. Il sera terrassé sur la route entre Livourne et Sienne, par une insolation. Rapatrié à Marseille, il rejoint Paris, puis à nouveau Charleville.

1876 : des aventures, plus que des marches. Il part pour la Russie, après s'être fait raser le crâne, mais ne dépasse pas Vienne, où on le retrouve à moitié mort et sans papiers, battu par un cocher. Il s'enrôle dans l'armée néerlandaise, mais déserte à Salatiga (Indonésie).

1877 : il part à Brême, tente de gagner les Amériques, mais devient à Stockholm receveur pour un guichet de cirque. Retourne à Charleville.

1878 : à Marseille, il prend un bateau pour l'Égypte, mais tombe rapidement malade, il est rapatrié. Il rentre à pied chez lui. Puis repart par la Suisse. À nouveau le Saint-Gothard à pied jusqu'à Gênes où il embarque pour Chypre (il sera chef de chantier). Mais au printemps 1879, la fièvre ne le lâche plus. Rentre chez lui. Aux premiers froids de l'hiver, il redescend pourtant à Marseille, mais la fièvre à nouveau l'arrête. Fait demi-tour.

Toujours le même mouvement, la même oscillation lente : l'hiver à s'ennuyer chez lui, ronger son frein, apprendre des dictionnaires de langue ; le reste du temps à tenter sa fortune.

Il repart en 1880, pour Chypre encore. De là, après un départ précipité (aurait-il blessé mortellement un ouvrier ?), il ne fait pas retour vers le Nord, mais pour la première fois continue plus au Sud. La mer Rouge, jusqu'à Aden.

Ce sera le dernier acte de son existence : une décennie de désert et de montagne, entre Aden et Harar.

Quarante degrés. Aden est un four. Rimbaud surveille le triage des cafés, il est apprécié de ses employeurs. Bardey, un commerçant installé, pense à lui pour une nouvelle agence à Harar, en Abyssinie, dans les terres, sur les hauteurs. C'est à 1 800 mètres, il y fait un climat tempéré. Rimbaud accepte et prépare une caravane.

Pour rejoindre Harar, il faut parcourir plus de trois cents kilomètres, une route de broussailleux, de déserts de cailloux, puis des forêts et des montagnes, enfin franchir des cols. Rimbaud est à cheval, mais le plus souvent obligé de mettre pied à terre. La caravane avance lentement. Il faut compter deux semaines.

Arrivé, le nouvel employé de la nouvelle agence fait du commerce, s'acclimate, s'ennuie, s'emporte, organise des expéditions. Un an à Harar, puis retour à Aden. Puis à nouveau Harar, et Aden encore une fois. Toujours la même route, la même fatigue. Il change de poste, au gré des fluctuations de l'agence. Rien ne marche vraiment. Il a des projets fous, qui ne durent pas ou sombrent. Il voudrait gagner de l'argent, un peu d'argent pour pouvoir s'installer enfin et rester tranquille.

En 1885, il tient une idée qui devrait lui permettre de faire enfin fortune. Il acheminera par caravane un stock d'armes et de munitions jusqu'au Choa, où il devrait le vendre au roi Ménélik. Il y investit toutes ses économies. Il se trouve deux complices, deux partenaires, Soleillet et Labattut. Tous deux meurent bientôt. Rimbaud ne cède pas. Il investit ses économies (« la route est très longue, deux mois de marche presque jusqu'à Ankorer » et part en septembre 1886). Ferrandi le voit partir : « Il précédait la caravane, toujours à pied. » « Une route de cinquante jours dans le plus aride des déserts. » De Tadjourah à Ankorer, c'est une piste solitaire à travers l'immensité morte d'un désert de basalte. Le sol est brûlant. Ce sont « des routes horribles rappelant l'horreur présumée des paysages lunaires ». Arrivé, il ne trouve pas le roi. L'expédition tourne au désastre financier. Rimbaud est épuisé. Il retourne à Harar, ayant tout perdu, et reprend calmement de petites affaires.

Jusqu'au jour où son genou commence à lui faire mal et enfle démesurément. Il a trente-six ans.

Arthur Rimbaud, quinze ans : garçon frêle, le bleu décidé et lointain de ses yeux. À l'aube, sans faire de bruit, le matin de ses fugues, il se levait dans la maison pleine d'ombres, fermait doucement la porte derrière lui. Et, le cœur battant, voyait s'éveiller calmement les petits chemins blancs. « Allons ! »

À pied. Toujours à pied et mesurant par ses « jambes sans rivales » la largeur de la terre.

Combien de fois de Charleville à Charleroi ; combien de fois pour aller avec Delahaye, tous ces mois de guerre où le collège était fermé, acheter du tabac en Belgique ; combien de fois pour revenir de Paris, sans rien qui vaille, la faim au ventre. Combien de fois ensuite sur les routes du Sud : celle de Marseille, ou bien de l'Italie. Combien de fois enfin la route des déserts (de Zeilah à Harar, et l'expédition de 1885).

À pied toujours, chaque fois. « Je suis un piéton, rien de plus. » Rien de plus.

Pour marcher, avancer, il faut de la colère. Il y a toujours chez lui ce cri du départ, cette joie rageuse.

> Allons, chapeau, capote, les deux poings dans les poches, et sortons.
>
> En avant, route !
>
> Allons !

Et tu marchais.

Pour partir, marcher, il faut de la colère. Cela ne vient pas du dehors. Pas marcher comme un appel du large, une promesse de vérité ou la tentation du trésor. Mais plutôt d'abord cette rage intérieure. Au creux du ventre la douleur d'être *ici*, l'impossibilité à demeurer en place, à s'enterrer vivant, à rester simplement. Il fait mauvais chez vous, écrivait-il depuis les montagnes du Harar. Chez vous, les hivers sont trop longs et les pluies sont trop froides. Mais enfin là, vers chez nous, en Abyssinie, c'est impossible aussi cette misère et cet ennui, cette immobilité lasse : rien à lire, personne à qui parler, rien à gagner.

Ici, c'est impossible. Impossible *ici* un jour de plus. Ici, c'est « atroce ».

Il faut partir. « En avant, route ! » Toute route bonne à prendre, tout chemin vers le soleil, vers plus de lumière, d'aveuglement sourd. Ce n'est sans doute pas mieux ailleurs, mais c'est au moins loin d'ici. Il faut la route, pour s'y rendre. « Les poings dans mes poches crevées. » Il n'y a que sur la route vraiment, sur les sentiers, sur les chemins que ce n'est pas *ici*.

Au revoir ici, n'importe où.

La marche comme expression de la colère, de la décision vide. Prendre la route, c'est toujours partir : on laisse derrière soi. Il y a toujours, dans ces départs à pied, quelque chose de définitif qui manque à ces transports où on fait demi-tour, où rien n'est irréversible. Aussi trouve-t-on ce mélange, quand on part, d'anxiété et de légèreté. Anxiété parce qu'on abandonne (revenir, c'est un échec ; impossible, à pied, de revenir ; sauf à faire une simple promenade, mais quand on marche longtemps, plusieurs jours, c'est impossible ; marcher, c'est aller de l'avant, la route est longue, ce seraient des heures perdues de revenir ; le temps est grave et lourd). Mais légèreté par tout ce qu'on laisse derrière soi : les autres restent, demeurent sur place, figés. Tandis que notre légèreté nous porte ailleurs, frémissants.

Les escapades à Paris, les déambulations dans Londres, les excursions en Belgique, la traversée des Alpes, les marches dans le désert. Et pour finir, Harar, ce genou qui démesurément enfle. 20 février 1891, il écrit : « Je vais mal à présent. » Il ne dort plus, tant sa jambe le fait souffrir. Endurant comme lui à la souffrance, il continue à travailler, à s'activer. Il se démène. Quand la jambe est devenue absolument raide, il se décide à partir, liquidant tout à perte. Le 7 avril, il quitte pour toujours Harar, à six heures du matin, dans une civière. Il engage six hommes pour le porter tour à tour. Onze jours de souffrance tenace. Il doit une fois demeurer seize heures sous une pluie battante. « Cela me fit beaucoup de mal. » Plus de trois cent kilomètres, en onze jours, porté, ballotté, lui qui savait si bien courir ! Il arrive exténué. « Mon genou gonflait à vue d'œil, et la douleur augmentait continuellement. » Après une courte halte, pour régler des affaires, à nouveau onze journées de bateau (l'*Amazone*) jusqu'à Marseille.

Il est transporté à l'hôpital de la Conception. « Je suis très mal, très mal. » Il faut amputer, d'urgence. On coupe bien au-dessus du genou. « Le médecin dit que j'en aurai encore pour un mois, et même ensuite je ne pourrai commencer à marcher que très lentement. » La plaie cicatrise correctement. « J'ai commandé une jambe de bois, ça ne pèse que deux kilos, ça sera prêt dans huit jours. J'essaierai de marcher tout doucement avec cela. » Il enrage de son immobilité. Sa mère est venue un moment le voir, puis repartie. « Je voudrais faire ceci et cela, aller ici et là, voir, vivre, partir. » Il ne supporte plus l'hôpital et décide de retourner à Roche, dans sa famille, par le train. Retour, après vingt ans, à la première case. Sa sœur Isabelle, avec un dévouement immense, le soigne, lui l'irascible. Son état pourtant se dégrade. Il mange à peine, ne dort plus, tout son corps lui fait mal. Il boit tout le jour des tisanes de pavot.

Amaigri, faible comme une feuille d'automne, il décide pourtant de repartir. Sursaut ultime. L'été décidément est trop froid dans le Nord. Même l'été, reprendre le bateau à Marseille. Et puis après, ce sera Alger, ou Aden. Il est à bout, mais il veut repartir, repart. « Seigneur, quand froide est la prairie. » Vers le soleil. Le 23 août, sa sœur l'accompagne, prend le train avec lui. Pour se déplacer, de la maison à la carriole, de la carriole au train, de gare en gare, c'est un calvaire chaque fois. Il est hospitalisé dès son arrivée à Marseille. Le voyage l'a totalement rompu.

Pour les médecins qui l'accueillent, il est perdu. Ce sera sa dernière halte. On lui donne au mieux quelques semaines, ou quelques mois peut-être. On lui cache sa situation. Le 3 septembre, il parvient à noter d'une écriture non tremblée : « J'attends la jambe artificielle. Envoyez-la moi tout de suite dès qu'elle sera arrivée, je suis pressé de partir d'ici. » Il attend sa jambe. Marcher encore. Il en parle tous les jours de sa jambe nouvelle, il la réclame « pour essayer de se lever, de marcher ». Il souffre toujours davantage, il pleure en regardant par la fenêtre le ciel d'un puissant bleu, qui appelle. C'est comme un reproche à sa sœur : « J'irai sous la terre et toi tu marcheras dans le soleil ! » Tout son corps se raidit progressivement, s'ankylose : « Je ne suis qu'un tronçon immobile. » Il est presque continuellement sous morphine. Les souffrances sont atroces autrement. Les premiers jours de novembre, il délire. Ce sera sa dernière semaine *ici*.

Dans les mémoires d'Isabelle[1], s'il fallait choisir, je préfère de beaucoup, dans *Rimbaud mourant*, au récit de la conversion finale, celui du délire ultime de partance. Rimbaud est cloué sur son lit, la paralysie gagne les membres supérieurs. Bientôt le cœur sera touché. Il délire : il se voit marcher, à nouveau repartir. Il est au Harar, et de là il lui faut partir pour Aden. « Allons ! » Combien de fois l'aura-t-il prononcé cet « Allons ! » Rimbaud délire : il faut organiser la caravane, chercher des chameaux. Il rêve : sa jambe mécanique est une réussite, « il marche très facilement avec sa nouvelle jambe articulée ». Il court, il enrage de partir. « Vite, vite, on nous attend, fermons les valises et partons. » Ses

---

1. Parues au Mercure de France sous le titre *Reliques*.

derniers mots : « Vite, on nous attend. » Il s'emporte : il ne fallait pas le laisser tant dormir, car il est tard. Il est trop tard.

« Seigneur, quand froide est la prairie. » Partir loin, fuir toujours la famille et la mère (« la daromphe »), fuir le froid des Ardennes, le vent glacé hurlant parmi les forêts sombres, fuir la tristesse et l'ennui, le temps couvert, les jours noirs, les corbeaux noirs aussi dans le ciel trop gris, fuir la morosité atroce de l'hiver. Fuir l'ignoble bêtise des assis. « Laissez les fauvettes de mai. »

Marcher. Je trouve chez Rimbaud ce sens de marcher comme fuir. Cette joie profonde, toujours, qu'on a en marchant, de laisser derrière soi. Pas question de revenir quand on marche. Ça y est, on est parti. Et cette joie immense, complémentaire, de la fatigue, de l'exténuation, de l'oubli de soi et du monde. Tous nos récits anciens, et ces lassants murmures, couverts par le martèlement des pas sur la route. L'épuisement qui noie tout. On sait toujours pourquoi on marche. Pour avancer, partir, rejoindre, repartir.

    Allons, la route !

    Je suis un piéton, rien de plus.

Rimbaud est mort le 10 novembre 1891. Il venait d'avoir trente-sept ans. Sur le registre des décès de l'hôpital de la Conception, on lit : « Né à Charleville, de passage à Marseille. »

De passage. Il n'était venu là que pour partir.

Solitudes

> « À présent, pour se goûter convenablement, une randonnée à pied doit être faite seul. Si vous l'entreprenez en groupe, ou même à deux, elle n'a plus de la randonnée pédestre que le nom ; c'est quelque chose d'autre qui se rapprocherait davantage du pique-nique. Une randonnée à pied doit se faire seul, car la liberté est essentielle ; parce que vous devez être libre de vous arrêter et de continuer, et de suivre ce chemin-ci ou cet autre, au gré de votre fantaisie ; et parce que vous devez marcher à votre allure.[1] »

Faut-il vraiment marcher seul ? Les exemples ne manquent pas : Nietzsche, Thoreau, Rousseau...

---

1. R.-L. Stevenson, *Voyage avec un âne dans les Cévennes*, trad. L. Bocquet, Paris, 10-18, 2001.

Être en compagnie oblige à heurter, empêcher, fausser le pas. Parce qu'il s'agit bien, en marchant, de trouver son rythme fondamental, et de le garder. Le rythme fondamental est celui qui convient à chacun, à ce point qu'il ne se fatigue pas et peut marcher plus de dix heures sans s'épuiser. Mais il est très exact. Alors, quand il s'agit de se caler sur le pas d'un autre, pour accélérer ou ralentir, le corps suit moins bien.

Pour autant, la solitude complète n'est pas absolument nécessaire. Jusqu'à trois ou quatre... Jusqu'à trois ou quatre, on peut encore marcher sans se parler. Chacun prend son pas, de faibles distances se creusent, et le premier de temps à autre se retourne, marque la pause, jette un « tout est bien ? » détaché, automatique, presqu'indifférent. On lui répond par un signe de la main. Poings sur les hanches, on attend le dernier, on repart et les ordres se transforment. Les rythmes vont, viennent, se croisent. Parce qu'aller à son pas, ce n'est pas marcher de manière absolument uniforme, totalement régulière : le corps n'est pas une machine. Il s'offre de légers délassements ou des moments de joie affirmative. Jusqu'à trois ou quatre, la marche permet donc ces moments de solitude partagée. Parce que la solitude aussi se partage, comme le pain et le jour.

Au-delà de quatre, c'est une colonie, une armée en marche. Éclats de voix, sifflements, on va de l'un à l'autre, on s'attend, on fait des groupes, qui sont bientôt des clans. Chacun vante son matériel. Au moment de manger même, on veut faire essayer, on a des surprises à faire goûter, ce qui fait surenchère. C'est un enfer. Plus rien de simple ni d'austère. De la société transplantée en montagne. On commence à faire des comparaisons. Il faut être seul pour marcher. Au-delà de cinq, impossible de partager la solitude.

Mais être seul alors, vraiment seul cette fois : un. Mais d'abord, on n'est jamais tout à fait seul. Comme écrivait Thoreau : « Je restai tout le matin en bonne compagnie, jusqu'à ce que quelqu'un vienne me rendre visite[1] » (c'était la compagnie des arbres, du soleil, des cailloux). Au fond, c'est de rencontrer l'autre, souvent, qui nous ramène à la solitude. La conversation mène à parler de soi et de ses différences. Et doucement, l'autre nous renvoie à nous-mêmes dans notre histoire et notre identité, ce qui veut dire les incompréhensions et les mensonges. Comme si cela existait.

---

1. *Walden ou la Vie dans les bois.*

Alors que d'être plongé dans la Nature, c'est une sollicitation permanente. Tout vous parle, vous salue, appelle votre attention : les arbres, les fleurs, la couleur des chemins. Le souffle du vent, le bourdonnement des insectes, la course du ruisseau, le choc du pas sur la terre : c'est tout un bruissement qui répond à votre présence. Même la pluie. Une pluie légère et douce, c'est un accompagnement permanent, un murmure que vous écoutez, avec ses intonations, ses éclats, ses espacements : clapotis distincts de l'eau rebondissant sur la pierre, ou le long tissage mélodieux des rideaux de pluie qui tombent à vitesse régulière. C'est impossible d'être seul quand on marche, tellement on possède de choses sous son regard, qui nous sont données, qui sont à nous par cette prise inaliénable de la contemplation. Il faut connaître l'ivresse du promontoire, quand après un effort on s'est hissé sur la pointe du rocher, qu'on s'y assied et que s'offre à nous enfin la perspective, le paysage. Tous ces champs, ces maisons, ces forêts, ces sentiers, tout est à nous, pour nous. On s'en est rendu maître par l'ascension, il nous reste à jouir de cette maîtrise. Qui pourrait se sentir seul quand il possède le monde ? Voir, dominer, regarder, c'est posséder. Mais sans les inconvénients de la propriété : on profiterait presque en voleur du spectacle du monde. En voleur, non : car il a fallu travailler pour grimper. Tout cela que je vois, qui s'étend sous le regard, est à moi. Aussi loin que je vois, aussi loin je le possède. Pas seul : le monde est à moi, pour moi, avec moi.

On raconte d'un sage pèlerin cette histoire. Il suivait depuis bien longtemps, alors que le ciel était noir d'orage, un long chemin qui lui offrait le spectacle, au fond du vallon, d'un petit champ de blé mûr. Et ce champ bien tracé faisait, au milieu des mauvaises herbes et sous le ciel sombre, un parfait carré de lumière que le vent doucement ondulait. C'était beau et le marcheur profita pleinement, dans sa lente marche, du spectacle. En s'avançant, il vit le paysan qui rentrait, les yeux baissés, après sa journée de travail. Le pèlerin l'arrêta et, lui pressant le bras, murmura d'un ton ému : « Merci. » Le paysan se renfrogna : « Je n'ai rien à vous donner, pauvre homme. » Alors le pèlerin répondit d'un ton doux : « Je ne vous remercie pas pour que vous me donniez, mais parce que vous m'avez tout donné déjà. Vous avez fait de ce carré de blé l'objet de votre souci, et par votre travail il a pris aujourd'hui sa beauté. Vous vous attachez surtout désormais à ce que coûte un grain. Moi j'ai marché, et tout au long j'ai pu me nourrir de sa blondeur. » Et le vieil homme continua à sourire. Le paysan se détourna, et poursuivit sa route, tout en hochant la tête et le traitant de fou.

On n'est donc pas seul, parce qu'en marchant on gagne la sympathie de tout ce qui, vivant, nous entoure : les arbres et les fleurs. C'est à ce point qu'on part parfois marcher simplement pour *rendre visite* : rendre visite à des coins de verdure, à des bouquets d'arbres, à des vallons violets. On se dit au bout de quelques jours, quelques semaines, quelques années : cela fait décidément trop longtemps que je ne s'y suis pas allé. Cela m'attend, il faut s'y rendre à pied. Et le chemin lentement, la consistance sous les pas, la disposition des collines, la hauteur des forêts, tout se retrouve : ce sont des connaissances.

Dernière chose : on n'est pas seul enfin parce que, dès qu'on marche, on est aussitôt deux. Surtout après avoir marché longtemps. Je veux dire qu'il y a toujours, même seul, ce dialogue entre le corps et l'âme. Quand la marche est régulière, j'encourage, je flatte, je félicite : bonnes jambes qui m'emportez... Presqu'à se taper sur la cuisse, comme l'encolure du cheval. Pendant les longs moments d'effort, quand le corps est à la peine, je suis là pour soutenir : Allez, encore, bien sûr tu peux. Dès que je marche, aussitôt je suis deux. Mon corps et moi : un couple, une rengaine. Véritablement l'âme, c'est le témoin du corps. Témoin actif, vigilant. Il faut suivre son rythme, accompagner son effort : quand on appuie sur la jambe dans les ascensions raides, qu'on sent son poids sur le genou. On pousse, et toujours l'esprit ponctue « bien, bien, bien… ». L'âme alors, c'est la fierté du corps. Dès que je marche je m'accompagne, je suis deux. Et cette conversation indéfiniment relancée peut durer jusqu'au soir sans ennui. On ne peut marcher sans qu'opère en nous ce partage, qui fait qu'on se sent avancer. Mais toujours en marchant, je me regarde, je m'encourage.

Il arrive parfois bien sûr, quand par exemple on est trop pris dans le minéral, cerné par les rochers, sans trace de végétation – trop haut, trop dur, des chemins de cailloux –, qu'on désespère un peu, qu'on se sente très isolé, c'est-à-dire au fond : exclu. Il suffit même d'un peu de jour trop gris pour rendre l'impression vite insupportable, insurmontable. La gorge se noue et on dévale les sentiers durs avec une précipitation angoissée. Impossible de marcher trop longtemps seul ainsi, dans le silence écrasant d'immenses blocs de pierre : son propre pas résonne avec une violence incroyable. Notre corps respirant, se déplaçant, ici est un scandale de vie dans la minéralité froide, hautaine, définitive, éternelle, qui nous rejette. Ou bien les jours de pluie ou de brouillard, quand on ne voit plus rien, et qu'on n'est plus, au milieu de nulle part, qu'un corps transi de froid qui avance.

Silences

> « L'homme que je rencontre m'apprend
> souvent moins que le silence qu'il brise.[1] »

Comme il y a plusieurs solitudes, il y a plusieurs silences.

On marche toujours en silence. Bien sûr il y a d'abord — dès qu'on a quitté les rues, les routes, les espaces publics (toute cette vitesse, ces chocs : le claquement de milliers de pas, le brouillard des cris, des voix, des murmures, la rumeur stridente des moteurs) — l'évidence retrouvée du silence, d'abord comme transparence. Tout est calme, attentif et tout repose. Et on en a fini avec le caquetage du monde, les bruits de couloir, les rumeurs. Marcher. Cela saisit d'abord, comme

---

1. H.-D. Thoreau, *Journal*.

une immense respiration des oreilles : on reçoit le silence comme un grand vent frais qui chasse les nuages.

Il y a le silence des forêts. Les bouquets d'arbres forment autour de nous des murs mouvants, incertains. On marche sur des chemins tracés, des bandes de terre étroites qui serpentent. On perd vite l'orientation. Le silence alors est frémissant, inquiet.

Il y a le silence des marches dures des après-midi d'été, sur des parois de montagne, des sentiers de cailloux, à découvert sous un soleil sans concession. Silence éclatant, minéral, accablant. On entend juste le léger crissement des pierres. Silence implacable, définitif, comme une mort transparente. Le ciel est d'un bleu parfaitement détaché. Et on avance les yeux baissés, en se rassurant par un marmonnement sourd parfois. Le ciel sans nuages, le calcaire des roches sont d'une présence pleine : silence dont rien ne dépasse. Silence comble, immobilité vibrante, tendue comme un arc.

Il y a le silence des petits matins. Il faut partir très tôt en automne quand l'étape est longue. Tout est violet dehors, la lumière rampe sous les feuilles jaunes et rouges. C'est un silence attentif. On marche doucement au milieu des grands arbres sombres, encore enveloppés d'une légère nuit bleue. On a presque peur de réveiller. Tout chuchote faiblement.

Il y a le silence des marches dans la neige. Silence des pas étouffés sous un ciel blanc. Tout autour rien ne bouge. Les choses et le temps sont pris dans la glace. Immobilité sourde, tout est arrêté. Tout est uni, feutré. C'est un silence de mise en veille, de parenthèse cotonneuse, blanche, suspendue.

Il y a le silence enfin des nuits, unique. Quand il a fallu, parce que la nuit a surpris ou que le gîte était trop loin, dormir à la belle étoile, on s'est activé pour trouver une bonne place, se réchauffer, manger, on s'est vite endormi. Et puis toujours ce moment de réveil, après quelques heures de sommeil, au cœur de la nuit. Les yeux s'ouvrent brusquement comme saisis par la profondeur du silence. Les mouvements qu'on fait, les bruits de duvet prennent des proportions énormes. Qu'est-ce qui nous réveille alors ? Le bruit même du silence ?

Dans son chapitre « Une nuit dans la pineraie »[1], Stevenson évoque ce phénomène de

---

1. R.-L. Stevenson, *Voyage avec un âne dans les Cévennes*, trad. L. Bocquet, Paris, 10-18, 2001.

brusque réveil, qu'il situe autour de deux heures du matin, et qui concerne tous les êtres vivants, au même moment, pour autant qu'ils dorment dehors. Il y voit un petit mystère cosmique : serait-ce un frisson de la terre qui traverse nos corps ? Un moment d'accélération de la nuit ? Une rosée invisible provenant des astres ? Il demeure que l'instant est bouleversant : le silence s'y fait absolument entendre comme musique, ou plutôt c'est à ce moment que, levant la tête, on entend distinctement le chant des étoiles.

Ce qui s'appelle « silence » dans la marche, ce n'est jamais d'abord que la fin du bavardage, de ce bruit permanent qui fait écran, brouille tout et envahit comme un chiendent les prairies vastes de notre présence. Le bavardage assourdit : on n'entend plus rien, il saoule, on perd la tête. Il y en a toujours de tous les côtés, ça déborde, ça va partout, dans tous les sens.

Mais surtout, c'est la dissipation encore de notre langage. Tout, dans ce monde du travail, du loisir, de l'activité, de la reproduction et de la consommation des choses, tout a sa fonction, sa place, son utilité, et un mot juste qui lui correspond. Jusqu'à notre grammaire qui reproduit nos séquençages d'action, notre saisie laborieuse, nos affairements. Toujours à faire, à produire, toujours à s'occuper. Notre langage est découpé dans les conventions des choses fabriquées, des gestes prévisibles, des comportements normalisés, des attitudes apprises. Artifices adaptés l'un à l'autre : le langage est pris dans la fabrication quotidienne du monde, y participe, il est de même essence que les tableaux, les chiffres, les bilans : mot d'ordre, injonction, synthèse, décision, rapport, codes. Le langage, c'est un mode d'emploi, un cahier des charges. Dans le silence de la marche, quand on finit par perdre l'usage des mots – parce qu'on ne fait rien alors que marcher, et il faut là se méfier des guides de randonnée qui recodent, détaillent, informent, ponctuent la marche de dénominations et d'explications (les reliefs, la forme des pierres et des pentes, le nom des plantes et leurs vertus), laissant croire qu'il y a un nom pour tout ce qui se voit, une grammaire pour tout ce qui s'éprouve – dans ce silence, on écoute mieux alors, parce qu'on écoute enfin ce qui n'a aucune vocation à être retraduit, recodé, reformaté.

Un homme, avant de parler, doit *voir*.[1]

---

1. H.-D. Thoreau, *Journal*.

Les seuls mots alors qui restent au marcheur sont des mots de rien, des mots qu'il se surprend à dire (« allons, allons, allons », « c'est comme ça », « eh bien oui », « voilà, voilà »), des mots comme des guirlandes qu'on accroche aux secondes, du banal, des mots pas même pour dire, mais pour ponctuer le silence d'une vibration supplémentaire, s'entendre résonner.

Les rêves éveillés du marcheur
(Rousseau)

Rousseau affirme ne pouvoir penser vraiment, composer, créer, s'inspirer qu'*en marchant*. La seule vue d'un bureau et d'une chaise suffit à lui donner la nausée et à lui ôter tout courage. C'est au cours de longues promenades que les idées lui viennent, c'est sur les chemins que les phrases montent aux lèvres, comme une ponctuation légère du mouvement, ce sont les sentiers qui excitent son imagination.

> Je ne fais jamais rien qu'à la promenade, la campagne est mon cabinet ; l'aspect d'une table, du papier et des livres me donne de l'ennui, l'appareil du travail me décourage, si je m'assieds pour écrire je ne trouve rien et la nécessité d'avoir de l'esprit me l'ôte.[1]

---

1. *Mon portrait*.

On trouve chez lui trois grandes expériences de la marche : aurore, midi, et crépuscule.

Il marche de seize à dix-neuf ans. Ce sont les longs voyages de la jeunesse, pleins d'exaltation et de ferveur. Par la suite, il sera pendant vingt ans un « Monsieur » comme il dit, ne se déplaçant qu'en calèche, recherchant fiévreusement la gloire et la reconnaissance.

> Je n'ai voyagé à pied que dans mes beaux jours, et toujours avec délices. Bientôt les devoirs, les affaires, un bagage à porter m'ont forcé de faire le Monsieur et de prendre des voitures, les soucis rongeant, les embarras, la gêne y sont montés avec moi, et dès lors, au lieu qu'auparavant dans mes voyages je ne sentais que le plaisir d'aller, je n'ai plus senti que le besoin d'arriver.[1]

Après la longue comédie des masques, les agitations fatigantes, viendra, à quarante ans, la première rupture. À nouveau, il emprunte, pour de longues marches méditatives, les chemins de forêt ou les sentiers du bord des lacs. Il se fait ours.

Plus tard, c'est le moment où il devient proscrit : chassé de partout, majeur indésirable, condamné à Paris, à Genève. On brûle ses livres

---

1. Livre II des *Confessions*.

sur la place publique, il est menacé d'emprisonnement. À Moutiers, on lui jette des pierres. Il s'enfuit d'ici, de là, il erre, soupçonne ses protecteurs. Et ce seront, quand les haines seront tombées et les hantises éteintes, par lassitude, les dernières marches, les *Rêveries* crépusculaires. Il est devenu ce vieillard alors qui n'aime rien tant que faire de longues promenades, pour épuiser les jours. Quand vraiment il n'y a plus rien ni à faire ni à croire. Plus qu'à se souvenir. Marcher alors fait retrouver la simplicité absolue de la présence, au-delà de tout espoir, en-deçà de toute attente.

Décrites dans les *Confessions*, les premières marches sont de longs voyages heureux, solaires, capitaux. Il s'agit d'effectuer, faute d'argent et par tempérament aussi, à pied d'immenses parcours : d'Annecy à Turin, de Soleure jusqu'à Paris, puis de Paris à Lyon, de Lyon enfin à Chambéry.

Rousseau a juste seize ans. Un soir de mars 1728, il revient d'une escapade d'enfants et trouve les portes de Genève fermées. Il prend alors la décision de ne pas attendre le lendemain pour rentrer à l'atelier de gravure, par peur des coups et par dégoût aussi. Mais comme il faut vivre, il part chercher consolation, non loin de là, en Savoie auprès d'un curé catholique. Ce dernier, après l'avoir nourri et bien plaint d'être né calviniste, l'envoie à Annecy visiter une dévote qui devra lui enseigner la voie de la vraie religion, lui apporter protection, confort.

Le jeune homme se prépare sur le chemin à amadouer une vieille duègne.

Il la voit. Elle a vingt-huit ans (un regard très doux, une bouche angélique, il était impossible d'avoir de plus beaux bras). C'est Madame de Warens. L'apparition le transit d'amour et de désir. Il vient de rencontrer l'amour : un ange de générosité et de douceur, secourable, désirable. Hélas, à peine rencontrée, il doit aussitôt la quitter pour mieux lui obéir. Elle l'expédie à Turin se convertir, abjurer en Italie sa foi protestante. Il promet. Il part à pied, en compagnie de Monsieur et Madame Sabran, laquelle n'avance pas vite. Il leur faudra une vingtaine de jours, d'autant que les monts demeuraient largement enneigés. Mais enfin quoi, on traverse les Alpes, on passe le Mont-Cenis, on se croit Hannibal... À la jeunesse, tout est donné.

> Je n'avais plus de souci sur moi-même ; d'autres s'étaient chargés de ce soin. Ainsi je marchais

légèrement, allégé de ce poids ; les jeunes désirs, l'espoir enchanteur, les brillants projets remplissaient mon âme.[1]

Une petite année après, Rousseau, s'étant à Turin fait catholique en une grosse semaine, essayé au métier de laquais, retourne chez sa protectrice. Le trajet se fera à pied toujours, avec un compagnon de fortune (Bâcle) dans l'humeur joyeuse de l'insouciance. Le troisième voyage se situe en 1731, après mille péripéties et de fantasques aventures. Rousseau est à Soleure, en Suisse, et de là de bonnes âmes le dirigent sur Paris, pour rencontrer un colonel à la retraite qui cherche, paraît-il, pour un neveu se destinant à la carrière des armes, un gouverneur. Il faudra bien deux semaines de marche, tout au long desquelles Rousseau se rêve bientôt général, dirigeant vers la gloire des armées magnifiques. Mais le vieil officier n'est qu'un pingre, un grigou qui l'exploite. Rousseau s'enfuit et effectue à pied encore le chemin jusqu'à Lyon, puis jusqu'à Chambéry enfin, pour retrouver « Maman ». Ce sera son dernier grand voyage pédestre.

---

1. Livre II des *Confessions*.

À peine avait-il quitté Mme de Warens – les yeux du plus grand bleu, une gorge délicate, des bras de lait – qu'il la rêve tout au long des chemins, et s'imagine retrouver ses fantômes, ses doubles sur le pas des auberges. Dans les longues marches faciles, sur des routes très bien tracées, quand il n'est question que de suivre un interminable lacet, on fait mille projets, on invente mille histoires. Le corps lentement avance, à pas mesurés, et cette même tranquillité donne à l'esprit congé. Délivré par l'effort automatique du corps, on imagine des suites à ses fantaisies, on se projette dans une foule d'histoires. Et le doux roulis, sans heurt, des jambes heureuses fait avancer le récit qu'on s'invente : les péripéties se présentent, leur dénouement se trouve, de nouvelles embûches surgissent. Pendant qu'on suit la large route, unique, ce sont mille bifurcations qui se présentent à l'esprit. Le cœur en prend une, renonce à une autre, puis en choisit une troisième. Il repart, revient.

> J'étais jeune, je me portais bien, je voyageais et je voyageais à pied, et je voyageais seul. On serait étonné de me compter un pareil avantage, si déjà l'on n'avait dû se familiariser avec mon humeur. Mes douces chimères me tenaient compagnie, et jamais la

chaleur de mon imagination n'en enfanta de plus magnifiques. Quand on m'offrait quelque place vide dans une voiture, ou que quelqu'un m'accostait en route, je rechignais de voir renverser la fortune dont je bâtissais l'édifice en marchant.[1]

Et quand on a son âge, qu'on ne peut dire « j'avais aimé », parce qu'aimer n'est encore qu'un futur épanoui qu'on appelle de toute son existence, cela entraîne les jambes : c'est toujours le grand amour au bout du chemin. Et puis Rousseau traversait les Alpes. Les perspectives qui se révèlent aux cols, la vue sublime des sommets, c'est comme une confirmation des ambitions les plus folles. Qu'allait-on trouver au prochain refuge ? Qui serait au dîner ? Tout pouvait, tout devait devenir l'occasion de rencontres extraordinaires : des amis au grand cœur, des femmes mystérieuses, des personnages louches, des intrigants formidables. Chaque fois qu'on approche un hameau, une ferme, une grande bâtisse, tout peut arriver. Et quand vient le soir, qu'il faut manger, alors même que l'hôtesse est moins belle qu'on avait pu rêver, l'aubergiste moins avenant, c'est à peine si on le remarque : le corps est

---

1. Livre IV des *Confessions*.

heureux de se remplir, comme si le vent avait creusé d'immenses poches dans le ventre, et l'on s'endort en quelques secondes pour aller visiter d'autres rêves. Cette première marche est infiniment douce. À seize ans ou même à vingt, on n'a rien à porter que ses espérances légères. Les souvenirs ne pèsent pas sur les épaules. Tout est possible encore, tout est à vivre. On sent en soi les désirs prendre forme, on se trouve heureux de tous les possibles. C'est la marche des aubes heureuses, des resplendissants matins de l'existence.

> Jamais je n'ai tant pensé, tant existé, tant vécu, tant été moi, si j'ose ainsi dire, que dans les voyages que j'ai faits seul et à pied [...]. Je dispose en maître de la nature entière ; mon cœur errant d'objet en objet s'unit, s'identifie à ceux qui le flattent, s'entoure d'images charmantes, s'enivre de sentiments délicieux[1].

Rousseau a maintenant quarante ans passés. Il a bien vécu déjà : secrétaire d'ambassade à Venise, professeur de musique, encyclopédiste... Il s'est fait des amis, des ennemis, une réputation, son

---

1. Livre IV des *Confessions*.

nom même circule... Il a intrigué, écrit, inventé, cherché la gloire et des reconnaissances. Mais voilà qu'il décide de ne plus fréquenter le monde, de ne plus hanter les cercles, de ne plus rechercher un succès qui ne vient pas assez fort et qui, par avance, le désintéresse toujours davantage. Il quitte les perruques et les beaux habits, il déserte les salons, abandonne des postes en vue. Le voilà bientôt habillé comme un pauvre, à copier de la musique pour vivre. C'est qu'il ne veut, comme il le répétera souvent, ne dépendre que de lui-même. On parle de lui comme d'un nouveau Diogène. Rousseau, c'est le chien des Lumières. La rupture pour autant n'est pas franche comme une lame. C'est qu'au même moment le roi découvre sa musique, s'en éprend et le fait connaître. Au même moment encore, il est passionnément lu et on parle partout de son *Discours sur les arts*. Au même moment, il entend encore défendre ses thèses sur la musique française.

Toujours plus, pourtant, il désire surtout une chose : demeurer longtemps seul, s'enfoncer dans les bois, quitter Paris. Il a déjà écrit que la culture, les lettres et les savoirs ont participé à la décadence de l'humanité, plutôt qu'à son accomplissement. Quand tous les penseurs de son temps, autour de lui, ne savent qu'entonner le chant de la libération par la raison, de la perfectibilité par l'éducation, du progrès par la science, eh bien lui entend montrer que la société pourrit l'homme. Mais, quand il écrivait cela dans son premier *Discours*, c'était en désirant la gloire, et dans sa vie tout encore trahissait le seul souci d'être connu, reconnu, aimé, applaudi.

À quarante ans passés, il faut tourner la page des quêtes sociales, des amitiés célèbres, celle des modes tourbillonnantes et des ragots incessants. Rousseau ne voudra plus que des chemins forestiers. Être seul, éloigné du vacarme. N'avoir plus à vérifier chaque jour sa cote sociale, à calculer ses amis, à doser ses ennemis, à flatter ses protecteurs, à sans cesse mesurer son importance aux yeux d'imbéciles et de fats, à prendre des revanches sur des regards, à se venger de mots. Se retrouver ailleurs, bien loin d'ici : s'enfoncer dans les bois, il veut que les nuits soient silencieuses et profondes, que les matins soient transparents. Pour y parvenir, il faut se faire détester de beaucoup. Mais il sait s'y prendre. Arranger sa vie de sorte qu'on n'ait plus ni à courir ni à ramper, mais marcher.

C'est l'époque où il écrit un second *Discours : Sur l'origine et les fondements de l'inégalité parmi les hommes*. Il part le matin s'enfoncer dans les forêts de Saint-Germain ou de Boulogne. C'est un mois de novembre exceptionnellement beau, en 1753 : douceur et profondeur des ciels bleus d'automne, le crissement des feuilles, les couleurs d'or, les rougeurs. Et faire quoi ? Marcher, travailler, découvrir. D'immenses marches solitaires, régulières, quotidiennes. Fouler la terre de ses souliers lourds, se perdre dans les taillis, évoluer parmi de très vieux arbres. Seul. Environné, ou plutôt rempli par la rumeur sourde des bêtes et des arbres, le souffle du vent dans les feuilles, le claquement des bois. Seul, et comblé. Parce que voilà : il respire. Il respire et s'abandonne à un bonheur lent comme un chemin forestier. Sans plaisir électrique, mais absolument tranquille. Un bonheur tiède, insistant comme un jour monotone : bonheur seulement d'être là, de sentir aux joues les rayons d'un soleil d'hiver, d'entendre le crépitement léger des forêts. Et là, marchant, Rousseau écoute. Il écoute les élans de son cœur, lequel a cessé d'être secoué par les émotions mondaines, un cœur qui n'est plus traversé par des désirs de société, cœur enfin abandonné à son mouvement premier, naturel. Et là, marchant tout le jour, Rousseau conçoit le projet fou de retrouver – en lui *homo viator*, l'homme qui marche – l'homme naturel, non défiguré par la culture, l'éducation, les arts : celui d'avant, avant les livres et les salons, avant les sociétés et le travail.

Marcher, mais pas pour se retrouver lui dans une identité pleine, pas pour redécouvrir une singularité travestie, pas pour se reposer des masques. Marcher longtemps pour retrouver en lui l'homme d'autrefois, le premier homme. Marcher, mais pas comme on va au désert se détacher du monde et de ses affres, se purifier de solitude, se préparer à son destin céleste, mais marcher pour redécouvrir en soi l'homme sorti des mains de la Nature, l'absolument primitif. Et il marche longtemps, s'enfonçant au plus loin, au plus sauvage, et se posant mille fois la question : qu'est-ce qui en moi *résiste*, qu'est-ce qui en moi serait le contemporain exact de la gravité des arbres, le frère inquiet de ces bêtes dont je devine le frémissement ? Qu'est-ce que je trouve en moi de *naturel*, qu'est-ce que je découvre qui n'est pas dans les livres mais que je ne pourrai trouver qu'en marchant seul ? Faire le portrait du premier homme, de l'homme absolument sauvage, décaper en soi, par l'usure lente de ces marches en forêt, le vernis de l'homme social, réaliser ce portrait qui n'est pas dans les livres parce qu'ils ne parlent que de l'homme tard venu, civilisé, dénaturé, gonflé de passions sociales, dessiner ce premier homme. Découvrir ainsi, par d'interminables promenades solitaires, désolées, loin du monde, dans la seule compagnie des arbres et des bêtes, redécouvrir en soi le premier homme.

> Tout le reste du jour, enfoncé dans la forêt, j'y cherchais, j'y trouvais l'image des premiers temps dont je traçais fièrement l'histoire ; je faisais main basse sur les petits mensonges des hommes, j'osais dévoiler à nu leur nature, suivre le progrès du temps et des choses qui l'ont défigurée, et comparant l'homme de l'homme avec l'homme naturel, leur montrer dans son perfectionnement prétendu la véritable source de leur misère.[1]

Et, effectuant ces recherches improbables, qui exigeaient de longues journées d'errance dans les bois plutôt que d'interminables lectures, Rousseau, s'interrogeant sans cesse, sent s'éveiller doucement en lui bientôt la silhouette frêle et tremblante de l'homme primitif, sauvage, innocent. Et ce fantôme doucement surgissant, dont il devine l'ombre furtive au coin des chênes, il ne le voit pas féroce, abruti, tout habité de pulsions désordonnées et plein d'instincts violents, mais plutôt craintif, et absolument accordé à la Nature qui

---

1. Livre VIII des *Confessions*.

l'enveloppe comme une mère, et surtout solitaire et heureux. Car cette plénitude, cette simplicité du bonheur que Rousseau, guéri des passions factices et épuisantes du grand monde, goûtait là, en marchant seul, ce devait être aussi celle du premier homme, coulant « des jours tranquilles et innocents ». Et combien son bonheur est plus intense que les excitations factices, les satisfactions idiotes et les joies vaines du monde !

> Au milieu de tant de philosophie, d'humanité, de politesse et de maximes sublimes, nous n'avons qu'un extérieur trompeur et frivole, de l'honneur sans vertu, de la raison sans sagesse, et du plaisir sans bonheur.[1]

L'histoire humaine, avec ses développements et ses luttes, apparaît ainsi au marcheur en forme de chute progressive, vertigineuse. Et c'est l'homme civilisé, saturé de politesses et d'hypocrisies, rempli de méchancetés et d'envies, qui devient la vraie brute. C'est le monde social avec ses injustices et ses violences, ses inégalités et ses misères, ce sont les États avec leurs forces de police et leurs armées qui constituent les vraies jungles. Plein de

---

1. *Discours sur l'origine et les fondements de l'inégalité parmi les hommes.*

rancœur et de haine, de jalousie et de ressentiment : c'est l'homme social. Mais quand Rousseau, marcheur solitaire, tâchait de retrouver sous l'épaisseur de la culture la vérité native des passions humaines, il ne découvre qu'un amour de soi naïf et sans prétention (tellement éloigné de l'égoïsme, de l'amour propre, qui est une manière de se préférer ; mais toujours la préférence est le contraire de l'amour), c'est-à-dire au fond un mouvement instinctif qui l'incite simplement à s'intéresser à lui-même, l'invite à se préserver, à se montrer attentif à son bien-être. L'homme ainsi naturellement *s'aime*, mais ne se préfère jamais. C'est en société seulement qu'on apprend à le faire. Il faut marcher longtemps pour réapprendre à s'aimer.

Seul enfin, après avoir chassé du cœur toutes les passions stupides, laissé tomber ses masques au long des sentiers incertains, Rousseau sent aussi remonter en lui, toute pure, transparente, une compassion sans arrière-pensée. Ces longues heures de marche épuisent les jalousies et les rancœurs, un peu comme font les deuils et les immenses malheurs : les vieilles haines paraissent vaines, futiles. Ce qui ne signifie pas qu'on est prêt soudain à aimer, à se jeter dans les bras de ses anciens ennemis. De telles retrouvailles sentimentales sont prises dans la même étoffe que les ressentiments tenaces, dans la même toile. À force de marcher, c'est autre chose : on ne sent plus rien pour l'autre, ni agressivité méchante, ni fraternité bavarde. Juste une disponibilité neutre, qui se colore dès qu'un autre est découvert en larmes. Alors, par compassion naturelle, mon cœur s'ouvre, se dilate spontanément devant la souffrance, comme des pétales baignés par un rayon. Et je me porte à son secours, je voudrais l'aider de tout mon cœur.

> Laissant donc tous les livres scientifiques qui ne nous apprennent qu'à voir les hommes tels qu'ils se sont faits, et méditant sur les premières et plus simples opérations de l'âme humaine, j'y crois apercevoir deux principes antérieurs à la raison, dont l'un nous intéresse ardemment à notre bien-être et à la conservation de nous-mêmes, et l'autre nous inspire une répugnance naturelle à voir périr ou souffrir tout être sensible et principalement nos semblables.[1]

Ainsi donc la méchanceté, la défiance et la haine ne prennent pas racine dans une sauvagerie première : elles se greffèrent en nous, nous enserrés dans le jardin artificiel du monde, et elles ne cessent

---

1. *Ibid.*

depuis de bourgeonner, de se développer et d'étouffer un cœur naturellement compatissant.

Ce fut la découverte de ces marches indéfinies en sous-bois, à force de suivre des sentiers incertains : se perdre pour mieux écouter son cœur, sentir en soi palpiter le premier homme. On en sort mieux accordé à soi. On ne s'adore plus, on s'aime simplement. On en sort mieux accordé aux autres. On ne les déteste plus, on les plaint sincèrement. Enfin, depuis ces chemins baignés dans la tranquillité d'un soleil fatigué, la douceur des feuilles mortes virevoltant jusqu'à terre, la grande et lente respiration naturelle, le monde civilisé, la société avec ses peurs, ses fausses grandeurs, ses bonheurs électriques, ses fureurs, tout ce qui s'agite là-bas, derrière la douce barrière des arbres, ne paraît plus que comme un long désastre.

> Comparez sans préjugés l'état de l'homme civil avec celui de l'homme sauvage et recherchez, si vous le pouvez, combien, outre sa méchanceté, ses besoins et ses misères, le premier a ouvert de nouvelles portes à la douleur et à la mort.[1]

---

1. *Ibid.*

✲✲

Crépuscule. Rousseau a maintenant près de soixante années. Il est devenu le proscrit, rejeté de tous, chassé de partout : de la républicaine Genève comme de la France monarchique. Il a tenté un exil pathétique en Angleterre, mais s'y est inventé décidément trop d'ennemis. Il a erré longtemps, ici et là, se cachant à demi, songé plusieurs fois à se laisser jeter dans une prison pour y goûter la tranquillité des murs. Et puis vient ce moment, lentement, où il *cède*. Il abandonne. Ce sont les dernières promenades : il revient à Paris, sans courage, ne veut même plus se battre. Là, on l'oublie peu à peu, on passe à d'autres choses, à d'autres haines.

Plus rien.

Je veux parler des dernières promenades, celles qui scandent le livre des *Rêveries*, ou plutôt non : celles qui s'y laissent deviner, bien au-delà des livres. Je veux parler de ces promenades indéfinies, celles qui ne *préparent* rien, ne sont plus l'occasion de *trouver* de nouvelles paroles (nouvelles défenses, nouvelles identités, nouvelles idées). Celles qu'on imagine à Ermenonville : les dernières des mois de mai et juin 1778. Il n'y a même plus l'acte de marcher comme méthode, heuristique, projection. On ne marche plus pour inventer, mais exactement pour *rien* : seulement épouser le mouvement du soleil qui descend, doubler d'un pas lent la cadence des minutes, des heures, des journées. On marche alors pour scander un peu le jour, sans y penser vraiment, comme ces doigts arqués tapotant avec indifférence le bois des tables, au son d'une musique. Il s'agit surtout de ne plus rien attendre, laisser *venir* le temps, laisser gagner la marée des jours et l'épuisement des nuits. Le bonheur ainsi veut « un mouvement uniforme et modéré qui n'ait ni secousses ni intervalles[1] ». Voilà marcher : c'est accompagner le temps, se mettre à son pas comme on fait avec un enfant.

Alors remontent à la surface de la conscience des souvenirs oubliés, et qu'on salue comme de vieux amis, dans ces longues marches crépusculaires. Souvenirs pour lesquels, enfin, on a de l'indulgence. Ils ne blessent plus comme faisant renaître des époques douloureuses, ou bien épuisant l'âme par des regrets parce qu'ils furent heureux. Mais comme quelques fleurs aquatiques ils flottent, et seulement changent entre eux la couleur et la forme. Rieurs indifférents, ne demeure

---

1. *Les Rêveries du promeneur solitaire (Neuvième promenade).*

plus que la certitude vague, amusante, détachée de les avoir vécus. Est-ce moi, vraiment, cet enfant rêveur, moi ce jeune homme ivre de mondanités ?

Rousseau, autrefois, pouvait dire qu'en marchant il était maître de ses imaginations, n'ayant à composer qu'avec ses chimères, absolument sûr de ses rêves. Au contraire, les dernières promenades ont l'immense douceur des détachements. Je veux dire : plus rien à espérer ni à attendre. Vivre seulement, se laisser exister. Parce qu'il n'y a plus à être *quelqu'un*, on se laisse seulement traverser par un courant, ou plutôt par ce ruisselet insistant d'exister.

Cela donne aux souvenirs qui montent un aspect fraternel : ils sont pour nous comme de vieux frères usés. Et c'est pour nous-mêmes que nous devenons ce vieux frère : celui qu'on aime pour la seule raison qu'il *a vécu*. Ainsi par ces marches, on se prend soi-même en affection. On se pardonne, au lieu de se trouver des excuses. Plus rien à perdre, seulement à marcher. Et tout, autour, prend ce nouveau visage : avec indulgence l'oiseau craintif qui guette, avec indulgence la fleur fragile qui plie, avec indulgence les frondaisons épaisses. Car au moment où on n'attend plus rien du monde, dans ces marches inutiles et tranquilles, alors il se livre, se donne, s'abandonne. Quand on n'attend plus rien. Tout est donné alors comme supplément, grâce gratuite de la présence. On est mort déjà au monde des labeurs, des réussites, des projets, des espoirs. Mais ce soleil, ces couleurs, cette fumée bleue là-bas dessinant ses volutes, s'élevant doucement, le remuement des arbres : tout est donné en plus. C'est cadeau. Identités, histoires, récits écrits, consommés, vengés, répétés, c'est déjà derrière nous. Fin de partie. Tout est donné en plus : le soleil du printemps 1778, les miroitements des lacs du Valois, la douceur du vert d'Ermenonville.

Les *Rêveries* laissent deviner les dernières promenades du mois de juin, dans un contentement merveilleux : marcher bien au-delà de ce qui fut accompli, comme un délassement de l'Être. Les destins sont bouclés, clos, arrêtés, achevés. Les livres refermés. Il n'aura plus désormais à être ni Rousseau, ni Jean-Jacques, ni pour, ni contre, ni personne. Mais seulement une vibration parmi les arbres et les pierres, sur les chemins. Marcher comme une respiration du paysage. Chaque pas est une inspiration qui naît pour mourir aussitôt, bien au-delà de l'œuvre.

J'aime à marcher à mon aise, et m'arrêter quand il me plaît. La vie ambulante est celle qu'il me faut. Faire route à pied par un beau temps dans un beau pays sans être pressé, et avoir pour terme de ma course un objet agréable ; voilà de toutes les manières de vivre celle qui est le plus de mon goût.[1]

---

1. Livre IV des *Confessions*.

Éternités

Il faudra bien un jour se passer de « nouvelles ». La lecture des journaux ne nous apprend jamais en effet que ce qu'on ne savait pas encore. D'ailleurs, c'est exactement ce qu'on recherche : du nouveau. Mais ce qu'on ne savait pas, c'est précisément ce qu'on oublie aussitôt. Parce qu'une fois qu'on sait il faut laisser place à ce qu'on ne sait pas encore et qui viendra demain. Les journaux n'ont aucune mémoire : une « nouvelle » chasse l'autre, chaque événement remplace un autre, qui disparaît sans laisser de traces. Les rumeurs enflent, puis brusquement retombent. Les « on-dit » se succèdent, cascade informe et perpétuelle.

Dès qu'on marche, les nouvelles n'ont plus d'importance. Soit de longues randonnées, s'étalant sur plusieurs jours, plusieurs semaines. On ne sait bientôt plus rien du monde et de ses soubresauts, de l'ultime rebondissement de la dernière affaire. On n'attend plus le retournement, ni de savoir comment ceci a commencé, ni d'apprendre comment cela a terminé. Connaissez-vous la dernière ? Mais dès qu'on marche, tout ceci n'a plus d'importance. D'être mis en présence de ce qui *absolument dure* nous détache de ces nouvelles éphémères qui ordinairement nous rendent captifs. C'est étonnant comment, de marcher loin, longtemps, on en vient même à se demander comment on pouvait y trouver intérêt. La lente respiration des choses fait apparaître le halètement quotidien comme une agitation vaine, maladive.

La première éternité qu'on rencontre est celle des pierres, du mouvement des plaines, des lignes d'horizon : tout cela *résiste*. Et d'être confronté à cette solidité qui nous surplombe fait apparaître les menus faits, les pauvres nouvelles, comme ces poussières balayées par le vent. C'est une éternité immobile, vibrant sur place. Marcher, c'est faire l'expérience de ces réalités qui insistent, sans faire de bruit, humblement – l'arbre poussé au milieu des rochers, l'oiseau qui fait le guet, le ruisseau qui trouve son cours – sans rien attendre. Marcher fait taire soudain les rumeurs et les plaintes, arrête l'interminable bavardage intérieur par lequel sans cesse on commente les autres, on s'évalue soi-même, on recompose, on interprète. Marcher fait taire l'indéfini soliloque où remontent les rancœurs aigres, les contentements imbéciles, les vengeances faciles. Je suis face à cette montagne, je marche au milieu des grands arbres et je pense : ils sont *là*. Ils sont là, ils ne m'ont pas attendu, là depuis toujours. Ils m'ont indéfiniment devancé, ils continueront bien après moi.

Il arrivera bien un jour où l'on cessera aussi d'être préoccupé, accaparé par nos tâches, prisonnier d'elles – sachant que, pour beaucoup, c'est nous qui nous les inventons, qui nous les imposons. Travailler : amasser des économies, être aux aguets perpétuellement pour ne rien rater des occasions de carrière, convoiter telle place, terminer en hâte, s'inquiéter pour les autres. Faire ceci, passer voir cela, inviter un tel : contraintes sociales, modes culturelles, affairement... Toujours à faire quelque chose, mais *être* ? On laisse pour plus tard : il y a toujours mieux, toujours plus urgent, toujours plus important à *faire*. On remet à demain. Mais demain porte avec lui les tâches du surlendemain. Tunnel sans fin. Et ils appellent cela vivre. C'est tellement prégnant que même les moments de détente devront porter la marque de cette obstination : du sport à outrance, des détentes excitatives, des soirées coûteuses, des nuits performantes, des vacances chères. De telle sorte qu'enfin il n'y a plus, comme issue, que la mélancolie ou la mort.

On ne fait rien en marchant, rien que marcher. Mais de n'avoir rien à faire que marcher permet de retrouver le pur sentiment d'être, de redécouvrir la simple joie d'exister, celle qui fait toute l'enfance. Ainsi la marche, en nous délestant, en nous arrachant à l'obsession du faire, nous permet d'à nouveau rencontrer cette éternité enfantine. Je veux dire que marcher, c'est un jeu d'enfant. S'émerveiller du jour qu'il fait, de l'éclat du soleil, de la grandeur des arbres, du bleu du ciel. Je n'ai besoin pour cela d'aucune expérience, d'aucune compétence. C'est précisément pourquoi il convient de se méfier de ceux qui marchent trop et trop loin : ils ont déjà tout vu et ne font que des comparaisons. L'enfant éternel, c'est celui qui n'a jamais rien vu d'aussi beau, parce qu'il ne compare pas. Quand on part ainsi plusieurs jours, plusieurs semaines, ce ne sont pas seulement notre métier, nos voisins, nos affaires, nos habitudes, nos tracas que l'on quitte. Ce sont aussi nos identités compliquées, nos visages et nos masques. Plus rien de cela ne tient, parce que marcher ne sollicite jamais que votre corps. Rien de votre savoir, de vos lectures, de vos relations ne va servir ici : deux jambes suffisent, et de grands yeux pour voir. Marcher, partir seul, gravir des montagnes ou traverser des forêts. On n'est jamais personne pour les collines et les grandes frondaisons. On n'est plus ni un rôle, ni un statut, pas même un personnage, mais un corps, un corps qui ressent la pointe des cailloux sur les chemins, la caresse des hautes herbes et la fraîcheur du vent. Quand on marche, le monde n'a plus ni présent, ni futur. Il n'y a plus que le cycle des matins et des soirs. Toujours à faire la même chose tout le jour : marcher. Mais celui qui en marchant s'émerveille (le bleu des pierres dans la lumière d'une soirée de juillet, le vert argent des feuilles d'olivier à midi, les collines violettes au matin) n'a ni passé, ni projets, ni expérience. En lui c'est toujours l'enfant éternel. Je ne suis en marchant qu'un simple regard.

> Dans les bois, un homme quitte ses années comme un serpent son ancienne peau – et quelle que soit la période de sa vie à ce moment, il demeure toujours un enfant. Dans les bois se trouve la jeunesse éternelle [...]. Là je sens bien que rien ne peut m'arriver, ni infortune, ni malheur, que la nature ne puisse réparer puisque mes yeux me sont laissés. Debout sur la terre nue, la tête baignant dans une joyeuse

atmosphère, s'élevant dans l'espace infini, tous nos égoïsmes mesquins s'évanouissent. Je deviens une pupille transparente ; je ne suis rien, je vois tout.[1]

Par ses grandes secousses, la Nature ainsi nous réveille du cauchemar de l'homme.

Enfin peut-être une dernière éternité : celle de la consonance. Il faudrait décrire exactement ce qui du paysage advient quand on marche, et qui ne pourra jamais arriver autrement. Il y a les paysages que je vois passer en voiture : je contemple les lignes pures des montagnes, je suis transporté dans de fascinants déserts, je traverse d'incroyables forêts. Parfois, je demande à m'arrêter : je fais quelques pas, quelques photos. On me montre, on me détaille : le nom des arbres, la forme des plantes, l'envers des reliefs. Bien sûr, le soleil est aussi brûlant, les couleurs aussi éclatantes, le ciel aussi généreux.

Mais marcher, cela fait imprégnation. Marcher interminablement, faire passer par les pores de sa peau la hauteur des montagnes quand on s'y affronte très longtemps, respirer des heures durant la forme des collines en les dévalant longuement. Le corps devient pétri de la terre qu'il foule. Et

---

1. R.-W. Emerson, *Nature*.

progressivement, ainsi, il n'est plus dans le paysage : *il est* le paysage. Ce n'est pas forcément dissolution, comme si le marcheur s'évanouissait et en devenait une simple inflexion, une ligne supplémentaire. Parce qu'en lui soudain ce rapport s'illumine. C'est comme un instant qui éclate. Feu brusque : le temps s'enflamme. Là, le sentiment d'éternité, c'est tout à coup cette vibration des présences. L'éternité, ici, comme étincelle.

La conquête du sauvage
(Thoreau)

David Henry Thoreau naît à Concord, petit bourg aux environs de Boston, au mois de juillet 1817. Il est le troisième enfant d'un fabricant de crayons. Il poursuit de bonnes études à Harvard College. Une fois diplômé, il commence à enseigner à l'école publique, mais n'y reste pas plus de deux semaines. Il refuse en effet d'infliger des châtiments corporels à ses élèves et ne conçoit ses cours qu'en alternance avec de longues promenades. Il retourne à la fabrique de crayons familiale. En 1837, il inverse l'ordre de ses prénoms (il s'appellera désormais Henry David) et commence la rédaction d'un journal qu'il tiendra jusqu'à sa mort. En 1838, il fonde avec son frère une école privée, mais l'expérience ne dure pas. Il travaille bientôt comme *factotum* dans la maison d'Emerson, publie poèmes et essais dans *The Dial*, fréquente le Club transcendantal de la ville, et participe à la rédaction de la revue. Il quitte un moment Concord pour devenir le précepteur des neveux d'Emerson, à Staten Island, dans l'État de New York, mais n'y reste qu'une année. En mars 1845, il commence à se construire, de ses propres mains, une cabane près de Walden Pond, où Emerson a acquis un terrain, au bord d'un lac. Ce sera son acte philosophique. Il y vivra pendant plus de deux ans, seul, en parfaite autarcie, au milieu des arbres, au bord du lac : bêchant la terre, se promenant, lisant, écrivant. En juillet 1846, il est arrêté dans sa cabane et incarcéré parce qu'il a refusé de payer des impôts, exprimant par là son rejet d'un gouvernement en guerre contre le Mexique et autorisant l'esclavage. De cette expérience sortira un opuscule politique majeur sur la *Désobéissance civile*. Il ne passera qu'une seule nuit en prison, un bienfaiteur anonyme l'ayant fait libérer. Il quitte Walden en juillet 1847 et revient habiter chez les Emerson pendant un an, puis retourne vivre dans la maison familiale, et travaille comme arpenteur. Il accomplit quelques excursions au Québec, dans le New Hampshire, ainsi que dans les White Mountains, ce qui lui permet de rencontrer des tribus indiennes. Il milite contre l'esclavage. Il meurt à l'âge de quarante-quatre ans de la tuberculose, laissant une œuvre immense, fascinante, dont le magique *Walden*, récit de son expérience de deux ans dans les bois. Il est l'auteur du premier traité philosophique sur la marche : *Walking*.

Thoreau assiste à ce moment du XIXe siècle où s'ouvre l'ère des grandes productions de masse, où débutent l'âge du capitalisme total et l'époque des grandes exploitations industrielles. Il pressent la course indéfinie aux gains et la mise à sac d'une Nature qui n'apparaît plus que comme puits de profits. Et face au développement de cette rage de l'enrichissement sans limites, face à la capitalisation aveugle des biens matériels, Thoreau propose une *nouvelle économie*.

Le principe en est simple. Il ne s'agit plus de se demander ce que rapporte telle ou telle activité, mais ce qu'elle coûte en instants de vie pure.

> Ce que coûte une chose correspond au montant de ce que j'appelle la vie requise en échange, dans l'immédiat ou le long terme.[1]

---

1. *Walden ou la Vie dans les bois*.

Une manière aussi de distinguer le profit du bénéfice. Quel profit je retire d'une longue marche en forêt ? Il est nul : rien ne fut alors produit qui pourrait se revendre, aucun service social rendu qui pourrait me rapporter. En cela, la marche est désespérément inutile et stérile. Dans les termes de l'économie traditionnelle, c'est du temps perdu, gâché, du temps mort, sans production de richesses. Et pourtant pour moi, pour ma vie, je ne dirai pas même intérieure, mais totale, absolue, le bénéfice est immense : un long moment où je suis demeuré à la verticale de moi-même, sans avoir été envahi par les tracas volatiles, étourdissants, ni aliéné par les caquets incessants des bavards. Je me suis capitalisé de moi-même pendant tout le jour. Un long moment où je suis demeuré à l'écoute ou dans la contemplation : la Nature alors m'a donné, sans compter, toutes ses couleurs. Pour moi seul. Réceptivité de la marche : je ne cesse de recevoir des tonnes de présence pure. Tout ceci doit être évidemment mis en balance. La marche finalement m'aura été plus bénéfique que peu profitable : ce qui me fut donné le fut à profusion.

La différence entre le profit et le bénéfice, c'est que les opérations qui permettent le profit, un autre pourrait les faire à ma place : c'est lui qui sortirait gagnant. À moins que ce ne soit moi qui l'ai délégué, mais il demeure que l'activité profitable pourrait toujours être accomplie par un autre. D'où le principe de concurrence. Ce qui m'est bénéfique en revanche dépend de gestes, d'actes, de moments de vie qu'il m'est impossible de déléguer. Thoreau a pu écrire dans sa correspondance : pour savoir ce qu'il faut faire, demande, à propos de l'action que tu te proposes, « Quelqu'un d'autre pourrait-il le faire à ma place ? » Si oui, abandonne-la, sauf si elle est absolument indispensable. Mais c'est qu'elle n'est pas prise dans la nécessité de la vie. Vivre, au plus profond, personne ne peut le faire à notre place. Pour le travail, on peut se faire remplacer, mais pas pour marcher. Le grand critère est là.

Si je ne suis pas moi, qui le sera à ma place ?[1]

Mais revenons à nos calculs. Ce qui frappe, chez Thoreau, ce n'est pas le contenu même de l'argumentation. Car, après tout, les sagesses les plus anciennes avaient déjà proclamé leur mépris des trésors extérieurs au profit de richesses spirituelles, ou bien encore avaient affirmé que la

---

1. *Journal.*

richesse d'un homme dépend de son sentiment de ne manquer de rien. Mais c'est la forme de la démonstration qui impressionne. Car Thoreau poursuit loin l'obsession du calcul. Il ne dit pas : rejetons le calcul économique des quantités au profit d'une qualité pure. Il dit : calculons, calculons toujours. Qu'est-ce qu'exactement je gagne, ou je perds ? Qu'est-ce que je perds comme vie pure quand je m'efforce de gagner plus d'argent ? Ce qu'il en coûte aux riches d'être riches : travailler, s'inquiéter, veiller, ne jamais lâcher. Il faut bien un toit, admet Thoreau, des murs, un lit, des chaises. Mais : quel toit, quels ustensiles exactement ? Si vous désirez une très vaste demeure, des boutons de porte nacrés, il faudra travailler dur, oublier longtemps le temps qu'il fait et la couleur du ciel. Beaucoup de profits donc, mais qui ne seront bénéfiques à personne. Un toit, juste afin de me protéger du froid, trois chaises seulement (une pour s'asseoir, la deuxième pour l'amitié et la troisième pour la société), uniquement un lit et une bonne couverture pour dormir, avoir tout ceci ne coûte pas grand-chose, demande au fond peu de travail (un peu de travail manuel, un peu de culture de haricots qu'il échange contre du riz), et rapporte beaucoup : le temps qu'il reste, on peut faire de très longues promenades (trois à quatre heures par jour) qui comblent le corps, et jouir sans compter des spectacles gratuits de la Nature (des animaux, des jeux de lumière dans les bois, des profondeurs de bleu sur l'étang). Le calcul est établi, et inverse le rythme de la semaine laborieuse, religieuse : pour gagner de quoi vivre simplement, il suffit de travailler un jour par semaine. Tous les autres jours de travail faits sont pour gagner l'inutile, le futile, le luxe, et dévorent l'essentiel. Ma maison, dit Thoreau, qui fait des comptes exacts, m'aura coûté exactement un peu plus de vingt-huit dollars.

Le travail produit de la richesse tout autant qu'il produit de la misère. La misère en ce sens n'est pas le contraire de la richesse : elle en est exactement le complément. Le riche s'empiffre, le regard collé sur l'assiette du voisin pour voir si elle ne serait pas plus pleine. Le misérable s'accroche de son côté aux miettes du festin. Ils jouent tous la même partie. Simplement, il y a les gagnants et les perdants. La pauvreté dont parle Thoreau s'oppose aussi bien à la richesse qu'à la misère — richesse de ceux qui s'aliènent pour avoir toujours plus, misère de ceux qui triment pour gagner trois fois rien — : elle s'oppose au système. Il s'agit de ne pas jouer. Pas de garder sa mise, d'économiser parcimonieusement, de ne pas dépenser, mais de ne pas jouer. C'est une frugalité choisie.

La frugalité, ce n'est pas exactement l'austérité. Par là, je veux dire que l'austérité comporte toujours l'idée de résister contre la tentation du trop : trop de nourriture, trop de richesses, trop de biens, trop de plaisir. L'austérité dénonce la pente du plaisir vers l'excès. Il s'agit alors de retenir, de couper sur la quantité, de dire non. Il y a, dans l'austérité, une bonne dose de sévérité, un mépris ou plutôt une peur des plaisirs. L'austérité, c'est le refus de s'abandonner, c'est s'interdire de trop sentir par crainte d'être emporté. La frugalité, c'est la découverte que la simplicité comble, découverte d'une jouissance parfaite avec trois fois rien : de l'eau, un fruit, et le souffle du vent. Ah ! Pouvoir s'enivrer, écrit Thoreau, de l'air qu'on respire !

On nous dit : qu'il en coûte à l'homme d'efforts pour acquérir des biens et des richesses. Il suffit de le voir à la peine tous les jours. Tout ce qu'il se refuse en travaillant. Il faut continuer à calculer, et vous avouerez, dit Thoreau, qu'on va plus vite en marchant. Parce que posséder un attelage, une voiture, cela vous coûtera des journées de travail. La distance que vous effectuerez par voiture en un jour, elle vous coûte plusieurs mois de travail, alors marchez ! Vous y serez plus vite, et vous y aurez gagné en plus la profondeur du ciel et la couleur des arbres.

« Je fais mien ce que je vois », écrit Thoreau : c'est dire ce qu'on capitalise en marchant d'émotions colorées et de souvenirs solaires, pour les soirées d'hiver. Nos trésors, nos vraies propriétés, c'est la somme des représentations que nous avons reçues, conservées.

> Je reviens toujours à mes visions. C'est une possession éternelle, délivrée des aléas du monde, quelque chose de mis de côté pour les mauvais jours.[1]

Mais les richesses, *il est encore plus facile de les acquérir que de s'en débarrasser.* L'âme du possédant s'encroûte, s'enkyste, s'endurcit à force de se frotter aux biens matériels, tandis que le cœur du misérable se rétrécit d'envie et de rage à ne pas les posséder. Au riche, il est désormais très pénible de se priver de confort – une chaise en bois au lieu d'un canapé moelleux, impossible de dormir dans le froid, douloureux de faire cinq cents mètres à pied. Le misérable, lui, reste prisonnier de ses envies de prospérité, et continue à croire à la richesse.

---

1. *Ibid.*

Non, décidément la richesse coûte trop cher, à beaucoup trop de monde.

Thoreau, cet immense marcheur (trois à cinq heures par jour, tous les jours) fut tout sauf un grand voyageur. Il fit bien quelques excursions dans les forêts du Maine, au Québec, dans le New Hampshire. Mais l'expérience de la marche dont il parle et qui le nourrit ne concerne jamais que ses longues promenades quotidiennes, autour de Concord, en partant de chez lui, mains dans les poches. Aventurier au petit pied ? Mais par là il nous prévient contre le grand danger de l'exotisme. On en voit tellement qui marchent, pour aller loin et raconter ce qu'ils ont vu *là-bas* : les rencontres nécessairement fabuleuses, les événements forcément épiques, les paysages toujours sublimes, les nourritures évidemment insensées. Toujours des performances alors : dans le récit, dans l'aventure, dans l'extrême. Et pourtant le *Walden* de Thoreau aura davantage fasciné que tous les récits de voyages. On y sent en effet une radicalité dans la conversion qui rend fades les épopées grandiloquentes de nos aventuriers de l'extrême. On ne le dira jamais assez : il n'y a pas besoin d'aller très loin pour marcher. Le vrai sens de la marche, ce n'est pas vers l'altérité (d'*autres* mondes, d'*autres* visages, d'*autres* cultures, d'*autres* civilisations), c'est à la marge des mondes civilisés, quels qu'ils soient. Marcher, c'est se mettre sur le côté : en marge de ceux qui travaillent, en marge des routes à grande vitesse, en marge des producteurs de profit et de misère, des exploitants, des laborieux, en marge des gens sérieux qui ont toujours quelque chose de mieux à faire que d'accueillir la douceur pâle d'un soleil d'hiver ou la fraîcheur d'une brise de printemps.

Marcher est une question non seulement de vérité, mais aussi de réalité. Marcher, c'est faire l'expérience du réel. Pas la réalité comme pure extériorité physique ni comme ce qui compte pour un sujet, mais la réalité comme ce qui tient bon : principe de solidité, de résistance. Marcher, c'est à chaque pas en faire l'épreuve : la terre tient bon. À chaque pas, c'est tout le poids de mon corps qui trouve appui et rebondit, prend son essor.

Il existe partout un fonds *sérieux*.[1]

Dans les ascensions toujours, il faut assurer son pied : toujours, cet imperceptible instant où l'on appuie, pour sentir si ça résiste. Et puis, avec

---

1. *Walden ou la Vie dans les bois.*

confiance, on fait tenir tout son corps sur un seul pied, avant de faire retomber l'autre qui s'était avancé dans les airs. Ce qui fait trembler les jambes ce sont les chemins enneigés, où le pied s'enfonçant risque de trouver la glace. Ou encore les sols trop détrempés, caillouteux ou sablonneux, car le corps est obligé de se soutenir lui-même sans cesse, de tirer le poids vers le haut. Alors, il ne faudrait pas marcher, mais danser. La mollesse de la terre énerve le pied, l'inquiète. Inversement, les trottoirs sont trop durs : ils résonnent comme des tambours vides, ils renvoient le choc du pas dans tout le corps, quand la terre l'absorbe et le boit. La régularité parfaite des routes goudronnées finit par ennuyer le pied : la réalité n'est pas si monotone.

Certains décident de consacrer à l'écriture le même temps qu'ils ont donné à la lecture. Thoreau, rappelle Emerson, s'était donné comme principe de ne s'accorder de temps d'écriture qu'autant qu'il aurait marché. Pour éviter les pièges de la culture et des bibliothèques. Car, autrement, ce qu'on écrit est rempli de l'écriture des autres. Pour peu qu'eux-mêmes aient écrit sur les livres des autres... Écrire devrait être ceci : un témoignage d'une expérience muette, vivante. Et pas le commentaire d'un autre livre, pas l'explication d'un autre texte. Le livre comme témoin. Mais je dirais « témoin » au sens que prend ce mot dans une course de relais : on passe le « témoin » à un autre, et il se met à courir. Le livre ainsi, né de l'expérience, renvoie à l'expérience. Les livres ne sont pas ce qui nous apprendrait à vivre (c'est le triste programme des donneurs des leçons), mais ce qui nous donne envie de vivre, de vivre *autrement* : retrouver en nous la possibilité de la vie, son principe. La vie ne tient pas entre deux livres (gestes monotones, quotidiens, nécessaires, entre deux lectures), mais le livre fait espérer une existence différente. Ainsi ne doit-il pas être ce qui permet d'échapper à la grisaille de la vie quotidienne (le quotidien, c'est bien la vie comme ce qui se répète, comme le *Même*), mais ce qui fait passer d'une vie à une *autre*.

> Il est vain de s'asseoir pour écrire quand on ne s'est jamais levé pour vivre.[1]

Il faut chercher cette écriture du réel : n'écrire que dans le prolongement de ces pas solidement marqués, martelés. Parce qu'alors, dans la pensée

---

1. *Journal*.

aussi, on ne recherche que du solide. Par là, je veux dire : n'écrire que ce qui fut vécu, intensément. Ne se donner comme base solide que l'expérience.

> Il faut traverser la boue de l'opinion, des préjugés, de la tradition, de l'illusion, de l'apparence, ces alluvions qui recouvrent notre globe, de Paris à Londres, de New York à Boston et à Concord, passer au travers de l'Église et l'État, de la poésie, la philosophie et la religion, jusqu'à parvenir à un fond solide, aux rochers en place, que nous pouvons appeler réalité, et qu'on puisse dire : ceci est, pas d'erreur.[1]

La réalité quand on marche, ce n'est pas seulement la solidité du sol, mais encore l'épreuve de sa propre consistance. Thoreau ne cesse d'y insister : dans la marche, c'est aussi de *sa* réalité qu'il est question. Parce que l'homme ne se sent pas alors *dans la Nature*, mais *naturel*. Pas question ici de « communion » ni de « fusion ». Ces expressions conviennent mieux aux grandes expériences mystiques, où la pensée tout à la fois s'accomplit et s'évanouit dans un Tout. Non, la marche plutôt fait ressentir sa *participation* : je sens en moi le végétal, le minéral, l'animal. Je me sens

---

1. *Walden ou la Vie dans les bois.*

fait du même bois que l'arbre dont en passant je touche l'écorce, fait du même tissu que les grandes herbes que je frôle, et ma respiration lourde, quand je m'arrête, s'accorde au halètement du lièvre qui fait brusquement halte devant moi.

Cette épreuve de réalité retrouvée tout au long du jour, par la solidité du sol, aussi par la consistance de mon être répétée dans l'épaisseur qui m'environne, elle s'achève, en moi, par une plénitude de confiance. Marcher, comme on dit, cela « vide la tête ». Bien autrement, marcher remplit l'esprit d'une autre consistance. Pas celle des idées ou des doctrines, pas au sens d'une tête bourrée de phrases, de citations, de théories : mais pleine de la présence du monde. C'est cette présence qui dans la marche s'est, par alluvions régulières, déposée dans l'âme tout au long du jour. Et quand le soir vient, c'est à peine si on a besoin de penser : juste respirer, fermer les yeux et sentir sur son corps les couches des paysages qui flottent, se recomposent : la couleur du ciel, l'éclat des feuilles, le dessin des collines qui s'enchevêtrent. Ce qui s'appelle la confiance ici n'est pas de l'espérance solide, mais plutôt une certitude muette. Ainsi l'homme qui marche tout le jour est devenu sûr le soir.

Cette confiance a sa source encore dans les énergies du matin. Thoreau, dans toute son œuvre, veut croire aux matins, ou plutôt : c'est le matin qui fait croire. Il faut toujours partir à l'aube quand on marche. Pour accompagner le lever du jour. Et dans cette heure indécise, bleue, on ressent comme les balbutiements de la présence. Marcher le matin, c'est rencontrer la pauvreté de notre volonté, au sens où vouloir est le contraire d'accompagner. Je veux dire que suivre pas à pas un matin qui se lève, c'est tout sauf un arrachage brusque, une volte-face brutale, une décision. L'évidence du jour s'impose lentement. Bientôt le soleil sera levé et tout commencera. Les duretés des conversions volontaires, solennelles, bavardes, trahissent leur fragilité. Le jour ne commence jamais comme un acte de volonté : il se lève dans une certitude sans inquiétude. Marcher le matin, c'est comprendre la force des commencements naturels.

> La santé se mesure à l'amour du matin.[1]

L'amour des matins, chez Thoreau, se retrouve dans son exaltation du printemps, quand il

---

1. *Ibid.*

raconte par exemple comment, en avril, les glaces de l'étang de Walden fondent, se brisent, s'effondrent sous la poussée des énergies neuves, comment s'ouvrent des voies et s'inventent des chemins sur le fleuve. Mais surtout, ce qu'il trouve, dans certains matins et dans tous les printemps, c'est le principe d'un renouvellement de l'éternel.

> L'année commence avec un espoir plus jeune que jamais.[1]

L'éternelle jeunesse de la vraie espérance, c'est de n'être soumise à aucune condition, aucune vérification, aucune épreuve : c'est de savoir qu'il y a plus dans la forme de l'espoir que dans son contenu. Car l'espoir, fondamentalement, ne veut rien savoir : il croit. Croire, espérer, rêver, au-delà de tout acquis, de toute leçon, de tout passé. La Nature n'a pas d'histoire : sa mémoire ne va pas au-delà d'une année. Ce que Thoreau appelle l'expérience du printemps, c'est se trouver entraîné dans le courant d'une affirmation pure, d'une poussée sauvage, où rien ne compte que désirer vivre. Expérience encore, comme il

---

1. *Ibid.*

dit, de l'innocence : tout recommence, tout repart, et avec le fardeau de la nuit c'est celui du passé que la lumière emporte.

> Il suffit d'une matinée de printemps : tous les péchés de l'homme sont pardonnés. [1]

Quand on marche dans le printemps, ou dans l'aube, on est aux aguets, l'esprit tendu vers le jour qui pointe, et rien ne compte que cette affirmation lente. Le marcheur non plus n'a pas d'histoire : trop lourd à emporter pour le voyage. Quand on marche le matin, on n'a aucun souvenir. Seulement la joie de la confiance : le jour percera les feuilles de la nuit.

> Le soleil n'est jamais qu'une étoile du matin. [2]

Aux sources du matin, on trouve l'Ouest. Chez Thoreau, le soleil se lève toujours à l'Ouest. C'est notre mémoire qui est à l'Est : l'Est, c'est la culture et les livres, l'histoire et les anciennes défaites. Il n'y a rien à apprendre du passé, parce qu'apprendre alors, c'est répéter les anciennes

---

1. *Ibid.*
2. *Ibid.*

erreurs. C'est pourquoi il ne faut pas faire confiance aux gens âgés, ne pas se fixer à leur prétendue « expérience » qui n'est jamais que la masse pesante de leurs erreurs répétées. On ne doit faire confiance qu'à la confiance elle-même : à la jeunesse. À l'Ouest se trouvent les sources de l'avenir.

> Nous allons vers l'Est quand il faut comprendre l'histoire, étudier l'art et la littérature, en remontant les traces de notre race – nous allons vers l'Ouest comme vers l'avenir, avec un esprit d'aventures et d'entreprises.[1]

L'Ouest, c'est un gisement, c'est la préparation du futur, une ressource d'être, le non-entamé, le toujours neuf. Mais l'Ouest, c'est aussi le sauvage : *The Wild*. Le sauvage, c'est la Nature non-exploitée, vierge, la force première, inhumaine (le non-académique : peu de poètes savent, dit Thoreau, peindre « le côté ouest des montagnes »), mais c'est la part aussi en nous de non-dompté, rebelle, ce qui en nous n'a pas renoncé à vivre, l'affirmation pure. Quand Emerson écrivait de Thoreau qu'il était le plus américain des

---

1. *Marcher*.

Américains, c'est peut-être à cela qu'il songeait : à cette fascination pour une sauvagerie primitive dont on fait la source de l'avenir. L'avenir est à l'Ouest, dit Thoreau : il ne pourra se débloquer, s'ouvrir, être rendu à nouveau possible que depuis une plongée dans le sauvage, une confrontation. La différence entre l'utopie américaine et la rêverie européenne du sauvage tient peut-être là. Pour nous, le sauvage a valeur d'origine : c'est une faille immémoriale, toujours ouverte, un point de commencement obscur. C'est l'ancestral auquel on peut vouloir revenir, qui parfois remonte, mais qui est notre passé définitif. Pour l'américain Thoreau, le sauvage se situe à l'Ouest : devant lui. Il est la possibilité de l'avenir. Le sauvage, ce n'est pas la nuit de notre mémoire, mais le matin du monde et de l'humanité.

> L'Ouest dont je parle n'est rien qu'un synonyme du mot "sauvage", et je veux dire que c'est dans la Vie sauvage que repose la sauvegarde du monde.[1]

C'est pourquoi marcher, c'est en finir enfin avec les informations, ce qu'on appelle dérisoirement sans doute les « nouvelles ». Le propre des

---

1. *Ibid.*

« nouvelles » c'est de devenir vieilles aussitôt qu'énoncées. Tant qu'on est pris dans le rythme, dit Thoreau, on est dans la chaîne : on veut connaître la prochaine. Le vrai défi pourtant n'est pas de savoir ce qui a changé, mais d'approcher ce qui demeure *éternellement neuf*. Aussi faut-il remplacer la lecture des journaux du matin par une promenade. Les nouvelles se remplacent, se brouillent, se répètent, s'oublient. Dès qu'on marche, c'est vrai, tout ce bruit, ces rumeurs, tout s'efface. Quoi de neuf ? Rien, l'éternité calme des choses, toujours recommencée.

Cette existence que Thoreau a menée – existence de refus (Emerson raconte que son premier mouvement à toute sollicitation était de dire non, qu'il lui était toujours plus facile de refuser que d'accepter), mais aussi de choix radicaux : ne travailler que pour le nécessaire, marcher longuement tous les jours, ne pas se laisser prendre par le jeu social – a vite été considérée par les autres (les bien-pensants, les laborieux, les possédants) comme proprement extravagante. Elle se confondait pourtant avec une quête de vérité et d'authenticité. Mais rechercher le vrai, c'est dépasser les apparences. C'est dénoncer les habitudes, les traditions, le quotidien, comme autant de conventions, d'hypocrisies, de mensonges.

> Plutôt que l'amour, l'argent, la gloire, donnez-moi la vérité.[1]

Une vraie vie, c'est toujours une vie autre, une vie différente. La vérité fait rupture, elle est à l'Ouest : pour se réinventer, il faut retrouver en nous, sous la glace des certitudes reçues et des opinions immobiles, le courant du sauvage : celui qui sourd, échappe, déborde. Nous sommes prisonniers de nous-mêmes. On parle de la tyrannie de l'opinion publique, mais elle n'est rien, dit Thoreau, comparée à l'opinion personnelle. Nous sommes enferrés dans nos propres jugements. Marcher pour Thoreau (vers l'Ouest, mais on va toujours à l'Ouest dès qu'on marche bien), ce n'est pas se retrouver, mais se donner la possibilité toujours de se réinventer.

> Entreprendre de vivre une vraie vie, c'est entreprendre un grand voyage.[2]

On raconte que, les derniers jours, un prêtre était venu au chevet de Thoreau mourant, pour lui apporter les consolations de la religion en

---
1. *Walden ou la Vie dans les bois.*
2. *Correspondance.*

évoquant l'autre monde, l'au-delà. À quoi, Thoreau, souriant faiblement, aurait répondu : « S'il vous plaît, un seul monde à la fois. »

Énergie

Dans sa *Promenade en hiver*, Thoreau faisait le portrait du marcheur des temps froids. Quand on sort, écrivait-il, le matin dans une atmosphère glacée – les chemins recouverts de neige, les arbres étendant de tous côtés de longs bras blancs et maigres –, évoluant dans cette immense cotonnade gelée, alors on marche vite et bien, pour se tenir chaud et précisément ressentir la chaleur de son corps. Le bonheur qu'il y a à marcher dans le froid, c'est aussi pour avoir le sentiment de ce petit feu brûlant dans la poitrine.

> Il existe un feu souterrain qui couve dans la nature et jamais ne s'éteint, et dont aucun froid ne peut venir à bout [...]. Ce feu souterrain a son autel dans chaque poitrine humaine. En effet, par le jour le plus froid et sur la colline la plus exposée, le marcheur

nourrit dans les plis de sa veste un feu encore plus chaud que celui que l'on allume dans chaque foyer. Un homme en bonne santé, de fait, équilibre chaque saison, de telle sorte que, en hiver, l'été est dans son cœur. Là est le Sud.[1]

La première énergie qu'on sent en marchant, c'est la sienne, celle de son corps en mouvement. Il ne s'agit pas d'une explosion de force, mais plutôt d'un rayonnement continu et sensible.

Les Indiens d'Amérique, dont Thoreau admirait la sagesse, considéraient la Terre elle-même comme une source sacrée d'énergie. C'était de s'étendre sur elle qui permettait le repos, c'était de s'asseoir à même le sol qui donnait plus de sagesse pendant les conseils, c'était de marcher en sentant son contact qui rendait plus fort, plus endurant. La Terre, inépuisable puits de force : parce qu'elle est la Mère originaire, la nourricière, mais aussi parce qu'elle renferme en son sein tous les ancêtres morts. Elle est l'élément de la transmission. Ainsi, plutôt que de tendre les mains au ciel pour implorer la grâce des divinités célestes, l'Indien d'Amérique préfère marcher pieds nus sur la Terre.

---

1. H. D. Thoreau, *Balade d'hiver*.

> [L'Indien Lakota] aimait la terre et toutes les choses de la terre, et son attachement grandissait avec l'âge. Les vieillards étaient – littéralement – épris du sol et ne s'asseyaient ni ne se reposaient à même la terre sans le sentiment de s'approcher des forces maternelles. La terre était douce sous la peau et ils aimaient à ôter leurs mocassins et à marcher pieds nus sur la terre sacrée. Leurs tipis s'élevaient sur cette terre dont leurs autels étaient faits. L'oiseau qui volait dans les airs venait s'y poser et la terre portait, sans défaillance, tout ce qui vivait et poussait. Le sol apaisait, fortifiait, lavait et guérissait. C'est pourquoi les vieux Indiens se tenaient à même le sol plutôt que de rester séparés des forces de vie. S'asseoir ou s'allonger leur permettait de penser plus profondément, de sentir plus vivement ; ils contemplaient alors avec une plus grande clarté les mystères de la vie et ils se sentaient plus proches de toutes les forces vivantes.[1]

Marcher, à force de prendre appui sur la terre, de sentir sa gravité, de se reposer sur elle à chaque pas, c'est bien comme une inspiration d'énergie continue. Mais elle ne transmet pas seulement sa force à la manière d'un rayonnement qui monterait le long des jambes. C'est par la coïncidence des circulations aussi. Marcher, c'est

---

1. Chef Luther Standing Bear, cité in *Pieds nus sur la terre sacrée*.

un mouvement : le cœur bat plus fort, il prend un mouvement ample, le sang circule plus vite, plus fort qu'à l'état de repos. Et les flux de la terre font écho. Ils entraînent et se répondent.

Une dernière source d'énergie, après le cœur et la Terre, ce sont les paysages. Ils appellent, ils *mettent en demeure* le marcheur : il est chez lui, et les collines, les couleurs, les arbres le soutiennent. Le charme d'un lacet de chemin au milieu des collines, la beauté des champs de vignes en automne, comme des écharpes de pourpre et d'or, l'éclat argenté des feuilles d'olivier sur un ciel définitif l'été, l'immensité de glaciers parfaitement découpés. Tout cela porte, emporte, nourrit.

Pèlerinage

La marche n'est pas seulement une promenade incertaine, une errance solitaire. Elle a pu prendre dans l'histoire des formes codifiées, qui en fixaient le déroulement, le terme et la finalité. Le pèlerinage fait partie de ces grandes formes culturelles.

Le premier sens de *peregrinus*, c'est : l'étranger, l'exilé. Le pèlerin n'est pas, primitivement, celui qui se rend quelque part (Rome, Jérusalem, etc.), mais d'abord celui qui *n'est pas chez lui là où il marche*. Ou alors, c'est un promeneur qui prend l'air et fait quelques enjambées à l'entour, pour digérer ; ou le propriétaire, le dimanche, qui fait le tour à pied de ses exploitations. Mais le pèlerin, lui, n'est jamais chez lui où il marche : un étranger. Ainsi sommes-nous, disent les Pères, sur la terre comme en pays de transit, et il faudrait toujours voir sa maison comme le refuge d'une nuit, ses biens comme un paquetage délestable, et ses amis comme des gens rencontrés sur le bord des chemins. Une gerbe de paroles, à propos du temps qu'il fait, quelques poignées de main, et puis bonsoir : « Bonne route. » Tout homme ici-bas est un pèlerin, disent les Pères : sa vie entière est un exil, car sa vraie demeure n'est pas atteinte et ne peut jamais l'être ici-bas. Et la Terre tout entière est un abri de fortune. Le chrétien passe dans la vie comme le marcheur dans n'importe quel pays : sans s'arrêter. On trouve, par exemple, ces vers dans le chant du pèlerin de Compostelle :

> Compagnon, nous faut cheminer
> Sans faire demeurance.

Peut-être les moines qu'on appelle « gyrovagues » exaltaient-ils particulièrement notre condition d'étranger éternel : marchant sans cesse de monastère en monastère, sans être fixé – ils n'ont pas tous disparu ; il en reste, paraît-il, quelques-uns encore sur le mont Athos : ils marchent leur vie durant sur les sentiers étroits des montagnes, tournant en rond, s'endormant à la chute du jour dans l'endroit où leurs pieds les a portés ; ils passent leur vie à marmonner des prières en marchant tout le jour, sans destination ni but, ici ou là, au hasard du croisement des sentiers, à tourner, retourner, ils marchent sans aller nulle part, illustrant par l'éternel cheminement leur état d'étrangers définitifs au monde d'ici-bas. Mais les gyrovagues ne sont pas appréciés. On traite bientôt ces perpétuels nomades de profiteurs, de vagabonds et ce mode d'existence errante sera condamné. Saint Benoît surtout impose la « stabilité monastique » et affirme que la condition d'éternel pèlerinage (*peregrinatio perpetua*) du croyant est simple métaphore, métaphore qu'il ne faut pas épuiser sur les routes mais approfondir dans le détachement de la prière et de la contemplation monastiques. Plusieurs siècles auparavant, les Pères du désert (surtout ceux d'Égypte) avaient soigneusement déjà distingué le pèlerin et l'ermite. Il fallait exalter bien sûr la *xenateia* (la condition d'étrangeté au monde), mais sans la manifester par un vagabondage suspect : la simple retraite contemplative suffit.

La *peregrinatio perpetua* souligne le mouvement de partir, s'arracher, renoncer. Ainsi le Christ invitait ses disciples à la route : laisser femmes et enfants, abandonner ses terres, son commerce, son statut, pour marcher, accompagner, aller dire la Nouvelle (« Vends tout ce que tu as, donne-le aux pauvres et suis-moi... »). Et bien avant lui, c'était le geste d'Abraham : tout quitter (« Va dans un lieu que je te montrerai... »). Marcher, c'est une conversion, un appel. On marche pour en finir aussi et s'extirper : en finir avec le fracas du monde, l'accumulation des tâches, l'usure. Et rien de tel pour oublier, pour n'être plus *ici*, que le grand ennui des routes, la monotonie sans limites des chemins de forêt. Marcher, se détacher, partir, quitter.

Dès qu'on marche vraiment, c'est une série d'adieux le long des jours. On n'est jamais bien sûr de revenir ici, là. Cette condition de partance nourrit l'intensité du regard. Ce regard en arrière quand on franchit un col, avant que le paysage ne bascule. Ou bien, au moment de partir, le matin, on fixe une dernière fois le refuge (sa masse grise et les arbres derrière). On se retourne une dernière fois. Mais ce regard inquiet, ce n'est pas qu'il veut prendre, retenir, garder : il veut donner plutôt, laisser un peu de sa lumière à la présence têtue des rochers et des fleurs. Le marcheur par exemple, sur des glaciers sans nom, des cieux sans lendemain, des prairies sans histoire, disperse ses éclats coupants de regard, qui s'enfonceront dans les choses. S'il marche, c'est pour entailler l'opacité du monde.

Le pèlerin n'est pas seulement une métaphore de la condition humaine. Il faut considérer aussi son existence concrète, statutaire, historique. Tout au long du Moyen Âge, il constitue, comme on sait, un personnage concret, distinct, différencié. Être pèlerin, c'est un statut juridique. On rentre officiellement, rituellement, publiquement en condition de pèlerin, à l'occasion d'une messe très solennelle, après laquelle l'évêque bénit les attributs traditionnels du marcheur : le bourdon (bâton long à l'extrémité métallique qui lui servira autant à marcher qu'à se défendre des chiens et des bêtes), ainsi qu'une besace pour y ranger le pain du jour et les papiers essentiels. Cette sacoche devait être étroite (car c'est dans la foi en son Dieu qu'on puise l'essentiel de ses ressources), en peau de bête (pour rappeler la mortification), et toujours ouverte parce que le pèlerin est prêt à donner, partager, échanger. Le pèlerin se reconnaît aussi à son chapeau à larges bords – relevés sur le devant pour y accrocher un coquillage s'il revient de Saint-Jacques –, sa tunique courte, sa cape recouvrante. L'évêque ou le prêtre de paroisse, à l'occasion d'une messe qui l'institue, remet au pèlerin une lettre protectrice, qui lui servira de sauf-conduit tout au long du voyage, lui permettant de séjourner dans divers monastères ou hospices qu'il rencontrera au bord de la route, et devant le protéger des bandits de grand chemin qui s'exposent à un châtiment supérieur s'ils osent s'en prendre à un marcheur consacré. La cérémonie est très solennelle et grave, car ce départ est comme une petite mort. Jusqu'à Rome ou Saint-Jacques, pour ne pas parler de Jérusalem, il faudra compter de nombreux mois sans la certitude de revenir. On pouvait succomber à la fatigue, se faire battre à mort par des voleurs, se noyer ou tomber dans des précipices. Ainsi le pèlerin, avant de partir, devait avoir fait la paix avec ses vieux ennemis, réglé tous ses différends, et même rédigé un testament.

Mais alors pourquoi partir, si la condition est tellement pénible ? Les motifs sont nombreux. C'est d'abord pour augmenter sa dévotion, témoigner de sa fidélité. *Devotionis causa*. Parce qu'au-delà de la première *peregrinatio* (la condition humaine d'errance dans cette vallée de larmes) on donne au pèlerinage un but précis, une destination finale, irradiante : la visite d'un sanctuaire. Les grands lieux de pèlerinage sont évidemment ceux où les apôtres reposent, où des saints sont enterrés : saint Jacques à Compostelle, saint Paul et saint Pierre à Rome, le tombeau vide du Christ à Jérusalem (et plus modestement :

saint Martin à Tours, les reliques de l'archange au Mont-Saint-Michel). Le pèlerinage témoigne de la foi. D'ailleurs, il est une ascèse continue par l'humilité de la marche, s'accompagnant même de jeûnes fréquents et de continuelles prières.

Mais partir en pèlerinage pouvait constituer aussi une expiation pour des fautes très graves. Si un fidèle ou un clerc avouait un péché terrible qu'il avait sur la conscience, un blasphème énorme ou même un homicide qui aurait échappé à la justice des hommes, la pénitence pouvait consister en un pèlerinage, plus ou moins distant selon la gravité du crime. Certaines juridictions civiles, elles aussi, ont pu parfois imposer au cours du Moyen Âge, pour des crimes lourds (parricides, viols, etc.), un pèlerinage éloigné qui offrait l'avantage d'éloigner le fauteur. Enfin les tribunaux d'Inquisition ne se privèrent pas, en leur temps, d'imposer aux hérétiques cet exil provisoire. Si le pèlerinage a pu, à ce point, être constitué en châtiment, c'est qu'il comportait une dimension indiscutable de souffrances, surtout qu'il pouvait s'accompagner de dispositions spécifiques : marcher pieds nus, ou encore entravé, porter des cercles de métal aux bras, au cou, dont l'acier (parfois forgé avec l'arme du crime), après des mois de fatigue et de sueur, finissait quelquefois par se briser. Même sans ces terribles conditions, endurer de longs mois la pluie, le froid ou les brûlures du soleil (car le pèlerin est absolument *exposé*) pouvait devenir un véritable calvaire. Hier comme aujourd'hui, les pieds finissaient par constituer un puits de souffrances sans fond : plaies suppurantes, crevasses douloureuses… Le rituel du lavage des pieds du pèlerin, au moment de son accueil dans un monastère, en plus de la dimension d'humilité christique, rappelle que c'était l'objet de soins par excellence.

Au-delà du témoignage de sa foi et de l'expiation de ses fautes, on marche aussi pour demander. Qu'on ait un parent, un enfant, un ami malade, ou qu'on souffre soi-même d'une maladie grave, on part demander l'intercession d'un saint en se rendant à son tombeau, comme si la simple oraison était insuffisante et qu'il fallait adresser plus directement sa prière, faire en sorte que sa voix résonne sur le tombeau. Mais cela suppose de marcher longtemps avant, afin de ne s'approcher du lieu sacré que purifié par la peine et l'effort. Car la fatigue purifie, détruit l'orgueil. Et la prière en est rendue plus transparente. Parvenu ainsi au plus près du lieu saint, on exprime sa demande avec l'humilité dont témoignent les pieds usés et les vêtements mangés de poussière.

Ou encore, si l'on est soi-même le souffrant, on s'approche au plus près du tombeau, on s'y accroche le plus longtemps possible, de manière que la plus grande surface de son corps soit en contact avec le reliquaire. Puis on demeure allongé à proximité, espérant que la puissance irradiante des lieux insuffle pendant la nuit au corps malade une force qui le régénère.

Par le pèlerinage, il s'agit enfin de remercier Dieu pour une grâce particulière qu'on aurait reçue, un salut offert, un don permis, une santé remise. Ainsi Descartes, pour avoir eu l'illumination de sa méthode, accomplit un pèlerinage jusqu'à Notre-Dame-de-Lorette. Plus modestement, des milliers de fidèles, qui un jour prièrent Dieu de les secourir, eux ou leurs proches, et ont vu leur vœu s'accomplir, se sont jetés ensuite sur les routes jusqu'au plus proche lieu saint, pour exprimer leur gratitude.

Il faut pourtant un peu affadir les images, relativiser les légendes. On a facilement comme représentation du pèlerin celle d'un marcheur solitaire, bâton à la main, vêtu d'une simple robe de bure. L'orage gronde, la pluie étend ses grands rideaux épais. Il frappe, la nuit tombée, à la porte des monastères, portail immense illuminé par l'éclat brusque des éclairs, pierres monumentales.

En fait, les pèlerinages s'accomplissaient, pour des raisons de sécurité, en petits groupes, et souvent de surcroît à cheval, surtout quand les distances étaient énormes. Mais cela n'empêchait pas l'obligation de mettre pied à terre dès que le terme devenait visible, que se devinait la pointe effilée de l'Église ou la silhouette d'une tour de cathédrale. Il fallait finir en marchant. La nécessité de terminer sur ses jambes comprend plusieurs leçons. C'est d'abord le rappel de la pauvreté christique. Humilité : celui qui marche est pauvre d'entre les pauvres. Le pauvre, pour toute richesse, a son seul corps. Le marcheur est fils de la terre. Chaque pas est un aveu de gravité, chaque pas témoigne de l'attachement et martèle la terre comme un tombeau définitif, promis. Mais c'est aussi que la marche est pénible, elle exige un effort répété. On n'approche bien un lieu sacré qu'en ayant été purifié par la souffrance et marcher exige un effort indéfiniment réitéré.

Les grands chemins pour les chrétiens sont d'abord ceux de Rome ou de Jérusalem. Jérusalem, dès le IIIe siècle, c'est pour les chrétiens le pèlerinage absolu en tant qu'accomplissement de la présence : fouler le sol même sur lequel il avait marché (*in loco ubi steterunt pedes ejus* comme dit le Psaume), refaire le chemin du calvaire, être pris dans le même paysage, approcher le bois de la Croix, se tenir auprès de la grotte où il parlait à ses disciples. Mais les grands troubles politiques et sociaux rendent le chemin toujours plus difficile. Rome offre bientôt une destination plus sûre. Deux apôtres majeurs y reposent (Pierre et Paul). Rome est immédiatement sacrale : nombril et cœur de l'Église catholique instituée. Effectuer la *peregrinatio romana* signifiait un acte de soumission parfaite, un hommage plein d'adhésion à l'Église dans la plénitude de sa mission historique. Et puis, depuis l'année 1300, de grandes années de jubilé sont décrétées, pendant lesquelles aller à Rome, y effectuer sur place un parcours donné de sanctuaire en sanctuaire (Saint-Pierre-de-Rome, Saint-Jean-de-Latran, Saint-Paul-hors-les-Murs…) entraînait pour le pèlerin la rémission parfaite de ses péchés. Lieu de témoignage donc, mais aussi de salut.

Compostelle est la dernière destination majeure. On raconte de saint Jacques – un des trois préférés du Christ, premier des apôtres martyrs, décapité sur ordre du roi Hérode – qu'il aurait été transporté par ses disciples sur une embarcation, finalement échouée sur les plages de Galice. Là, on aurait soigneusement porté en terre le lourd tombeau de marbre, bientôt oublié... Jusqu'à ce fameux jour où un ermite nommé Pélage aperçoit en songe des anges lui découvrant l'emplacement exact du tombeau, tandis qu'au même moment, toutes les nuits, le ciel indique une direction par un filet d'étoiles. On construira sur la sépulture redécouverte un sanctuaire, puis une église, enfin une cathédrale. Et la visite du saint deviendra un des plus fameux pèlerinages, prenant bientôt sa place aux côtés de Rome et de Jérusalem.

Pour expliquer l'incroyable développement de cette destination, tardivement éclose, on invoque des raisons de commodité. Bien sûr il s'agissait d'un saint Majeur, mais son tombeau surtout était peut-être plus facile d'accès (cols plus aisés, régions paisibles) que ceux de Pierre ou Paul (même si la distance demeurait, depuis le Nord, à peu près la même), en tout cas certainement plus proche que Jérusalem. D'autres raisons, plus mystérieuses et fortes, expliquent le succès du pèlerinage jacquaire : c'est l'éclat même du chemin et du récit. Pour Rome et pour Jérusalem, chaque cité contient en elle une telle intensité mystique que le chemin pour y mener ne peut jamais être qu'une série longue, presqu'indifférente, de balises, de médiations. Le rayonnement du lieu brûle la singularité des étapes qui y mènent. D'autant que, sur place, un nouveau cheminement s'installe. À Rome on va ainsi de la basilique Saint-Pierre à Saint-Jean-de-Latran, de Saint-Paul-hors-les-Murs jusqu'à Sainte-Marie-Majeure, de Sainte-Croix-de-Jérusalem à Saint-Laurent-hors-les-Murs. On visite les catacombes : longs corridors où s'alignent les tombeaux des premiers martyrs. Après le plus long chemin rectiligne s'accomplit donc, en la Ville éternelle, le vrai parcours sacré.

À Jérusalem, c'est encore autre chose : ce sont, pour les chrétiens, les étapes de la Passion qu'il faut accomplir. Après s'être recueilli dans le sanctuaire du Saint-Sépulcre, il faut refaire le chemin de Croix (*Via dolorosa*) ; gravir, à l'Est de la Ville, le mont des Oliviers qui a vu l'Agonie ; se promener dans les jardins de Gethsémani, ceux de la dernière nuit ; parvenir au Cénacle, derrière les remparts, sur la colline de Sion, au pied de laquelle une Église marque encore l'endroit où saint Pierre renia trois fois le Christ. Bien au-delà, on peut même poursuivre vers Bethléem, à deux heures de marche, et, plus loin encore, bien plus au Nord, gagner les rives du lac de Tibériade, celles du Christ enfant ; retrouver à Nazareth la grotte de l'Annonciation. Ainsi à Rome comme à Jérusalem, c'est une fois arrivé que commence l'authentique pèlerinage.

À Saint-Jacques, il n'y a qu'une seule cathédrale, brillant d'un éclat solitaire, unique comme le soleil et le terme. On l'aperçoit depuis la Montjoie et elle fait crier de bonheur le pèlerin harassé, qui aussitôt met pied à terre s'il est à cheval ou quitte ses souliers s'il marche à pied, parce qu'il faut arriver plus humble encore. Arriver à Saint-Jacques, c'est véritablement arriver *au bout*. N'est-ce pas d'ailleurs sa situation géographique qui a contribué aussi à la magie de Compostelle : située à l'extrême Occident de l'Europe (marcher, écrit Thoreau, c'est aller à l'Ouest), au bout du monde (*finis terrae* : au-delà s'étendait une mer qui a longtemps paru définitive) ? Il fallait imperturbablement, pour aller vers Saint-Jacques, accompagner le mouvement du soleil.

On ne parle pas du chemin de Rome ou de Jérusalem comme on parle des chemins de Saint-Jacques. L'intensité mystique du tombeau n'est pas si forte, si éclatante qu'elle rejette dans la nuit la longue route pour y parvenir. Elle l'éclaire plutôt en retour. Compostelle accomplit le voyage, mais ne l'annule pas. Ce qui précisément a fait le succès de Saint-Jacques, ce fut aussi bien le chemin que la destination finale. La grandeur mystique du pèlerinage de Galice tient dans la sacralisation qu'il sut faire de la route autant que du sanctuaire. La route, ou plutôt *les* routes. Quel chemin prendre, quelle aventure ? L'invention de Compostelle fut d'instituer des chemins tracés, avec des étapes données, des visites obligées : quatre routes principales, d'innombrables secondaires. Quand on partait de Vézelay, après s'être recueilli devant le tombeau de Marie Madeleine – avoir versé des larmes pour celle qui en avait baigné les pieds du Christ –, on allait jusqu'à Noblat, au sépulcre de Léonard, « délivreur de ceux qui sont assis dans les ténèbres » ; partant de Tours où se trouve le corps de Martin, on s'arrête à Angely où repose la tête vénérable (*venerandum caput*) de saint Jean-Baptiste, puis à Saintes où on peut se recueillir près du corps de saint Eutrope, mis à mort par cent cinquante bouchers ; de Sainte-Marie-du-Puy (*via Podensis*), on allait vénérer le corps de sainte Foy, vierge et martyre, à Conques ; partant du tombeau de saint Gilles, on visitera le corps de saint Sernin à Toulouse... Ainsi le *Guide du pèlerin de Saint-Jacques*, recueil du XIIe siècle inséré dans le *Codex calixtinus*, nous montre autant d'itinéraires qui vont de corps de saints en corps de saints, tous thaumaturges, guérisseurs ; de tombeaux en tombeaux, tous auteurs de miracles insignes. Et cette répétition de la présence sainte se redoublait de parallèles architecturaux : les grandes Églises du pèlerinage se ressemblent. Elles sont sœurs sur le chemin de Compostelle. Routes ainsi parsemées de sanctuaires qui se font écho, mais aussi de monastères pour offrir aux pèlerins d'un soir le gîte et le couvert, et d'hospices pour accueillir les épuisés, parfois leur apporter les dernières consolations ; mais routes aussi qui furent peut-être autant de chapitres d'un grand livre. Joseph Bédier, un historien de la littérature médiévale, a pu écrire : « Au commencement était la route... » Au commencement, voulait-il dire, du récit, du roman, du poème épique. Au commencement de notre littérature, on trouverait les routes du pèlerinage. Sa thèse était que les chansons de geste sont nées là, sur la poussière des routes de Compostelle. Le pèlerinage était long. On s'arrêtait pour la nuit, et on se racontait à la veillée la version épique qu'on avait pu entendre un autre soir. On colportait d'autres épisodes, on juxtaposait des séquences, jusqu'à ce que se compose, enfin, un seul très grand poème, que l'écrit aurait fixé. Le miracle de Compostelle, c'est bien celui-là : d'avoir complété le miracle du saint Majeur (*primus ex apostolis*, dit le cantique de marche) par celui de la route.

Régénération et présence

Au fond de tout pèlerinage, on trouve une utopie et un mythe : mythe de la régénération et utopie de la présence. J'aime penser que saint Jacques représente si bien les vertus du pèlerinage aussi parce qu'il est donné comme le premier témoin de la Transfiguration du Christ. La transformation intérieure demeure l'idéal mystique du pèlerin : il faut en revenir absolument *altéré*. Cette transformation se dit encore dans le vocabulaire de la régénération, d'où souvent la présence, près des lieux sacrés, d'une source, rivière, fleuve : élément lustral où se plonger afin d'en ressortir purifié, comme lavé de soi-même – on peut rappeler ici le pèlerinage des Hindous aux sources du Gange.

Comme exemple de cette utopie de la renaissance par la marche, on peut citer le pèlerinage du Kailash au Tibet, une montagne splendidement seule, dôme de glaces posé sur un plateau immense, et qui constitue, pour beaucoup de religions orientales, un lieu sacré : le centre de l'univers [1]. Le départ peut se faire depuis les grandes plaines de l'Inde. Il s'agit alors de parcourir plusieurs centaines de kilomètres à travers les chaînes himalayennes, en alternant les cols glacés et les basses vallées étouffantes. La route est épuisante et comprend toutes les épreuves et les risques des montagnes : sentiers raides, rochers à pic. On perd peu à peu, tout au long du chemin, son identité et ses souvenirs, pour ne devenir plus qu'un corps interminablement marchant.

Après un col, on parvient enfin dans la vallée du Puyrang. C'est brusquement un autre paysage : une minéralité brillante, transparente. C'en est fini des roches sombres surmontées de pics neigeux, fini des forêts de sapins noirs écharpés de brumes blanches. Il n'y a plus que la simple et pure opposition de la terre et du ciel. Un paysage de début du monde, un désert gris, vert et beige. Le pèlerin, vidé de son histoire, traverse cette transparence aride, mais il aperçoit déjà, au

---

1. Lama Anagarika Govinda, *Le Chemin des nuages blancs. Pèlerinages d'un moine bouddhiste au Tibet*, Paris, Albin Michel, 1969.

loin, une nouvelle chaîne de montagnes, régulière, étincelante. Il n'est plus rien alors, et le serpentement entre ces lacs noirs, ces collines dorées, cette terre de plomb, c'est sa Leçon des ténèbres. Il faut dépasser un dernier col pour atteindre enfin la Terre des Dieux. Le courage est donné par le spectacle incroyable d'un dôme blanc qui s'abandonne à la vue, posé comme un soleil de glace au couchant, immobile : c'est le sommet du Kailash qui dépasse, guide, appelle. Enfin on dépasse le col du Gula, à plus de 5 000 mètres, et là l'impression bouleverse, comme un éclair qui dure, s'approfondit dans l'âme : l'immensité soudain, définitive. En contrebas, un lac s'étend, d'un bleu profond (le Manasarovar). Et le Kailash enfin est donné à voir dans sa masse énorme, reposante, comble. L'air est d'une telle pureté que toute forme étincelle. La montagne sacrée est là, face au marcheur, nombril de la terre, axe du monde, centre absolu. Et le pèlerin, confronté au vertige de cette vision, se trouve simultanément vainqueur et vaincu. Tout paysage absolument grandiose à la fois terrasse et traverse d'une énergie victorieuse celui qui l'a conquis en marchant. Deux mouvements le parcourent en même temps : pousser un cri de victoire et s'effondrer en pleurant. C'est qu'il domine la montagne de son regard, mais la vision en même temps l'écrase. La vibration incroyable qui secoue le marcheur provient de ce double mouvement contradictoire. Mais aussi, pour le pèlerin du Kailash, la dépersonnalisation poursuivie depuis des mois a fait place à un vide qui brusquement se comble : c'est là, c'est bien là, ici juste devant moi ! Et ce sentiment est exacerbé par la présence de milliers de petits monticules tout autour (trois, quatre, cinq pierres formant une petite pyramide), témoignages de milliers de pèlerins qui, comme lui, ont connu l'exténuation et l'extase. L'impression de présence qui se dégage de ces innombrables offrandes minérales, comme des fleurs éternelles sur le sol, est énorme : cela produit comme une vibration parce que chacune semble faire signe, comme si l'on se trouvait environné de fantômes.

Il reste encore à faire le tour de la montagne sacrée, et cela prend plusieurs jours : le rite oriental impose en effet qu'on fasse en marchant et priant le tour d'un lieu saint (circumbulation), et le Kailash est comme un temple naturel, un monument sacré que les dieux auraient sculpté dans la glace. Mais surtout, l'épreuve ultime attend le pèlerin : le col Dölma, à 5 800 mètres, permettant de redescendre vers les vallées. Une fois atteintes ces hauteurs inhumaines, glacées, le pèlerin s'arrête, s'étend comme un mourant sur les pierres, et repense à tous ceux qu'il n'a pas su aimer, priant pour eux, se réconciliant avec son passé avant de le quitter définitivement. Puis il descend jusqu'au lac de la Compassion (le Gauri Kund, couleur d'émeraude) se laver de son identité, de son histoire. C'est la fin du cycle. Le pèlerin pourtant ne renaît pas à lui-même, mais au détachement de soi, à l'indifférence au temps, à la bienveillance universelle.

Le pèlerinage porte en soi aussi une utopie de renaissance cosmique. C'est particulièrement vrai pour la grande marche du peyotl qu'accomplit le peuple des Huichol au Mexique. Cette communauté, qui vit dans des régions montagneuses de la Sierra Madre tout à fait isolées, parcourt, par petits groupes, à pied, tous les ans (à partir du mois d'octobre, après la moisson du maïs) plus de quatre cents kilomètres de chemins de pierre et de pistes poussiéreuses jusqu'au désert de San Luis Potosi où pousse le peyotl, un petit cactus sans épines qui conjugue vertus médicinales et pouvoirs hallucinogènes. Ils en font la récolte dans de grands paniers d'osier et reviennent chez eux en chantant.

Cette longue route est soigneusement préparée, au village, par des sacrifices et des rites, comme cette chasse au cerf dans le sang duquel devront baigner les principales offrandes qu'on destine aux grands dieux qui seront rencontrés tout au long de la route. Chaque participant portera un nom rituel pendant le voyage, aura une place rigoureusement déterminée dans l'ordre de marche, personnifiera un dieu ou une fonction, s'obligera à des jeûnes importants, ne buvant qu'à des moments déterminés, s'imposant une abstinence sexuelle rigoureuse, et il se soumettra au cinquième jour du voyage à une confession publique complète. Il s'agit, avec ce pèlerinage, de parvenir jusqu'à *Wirikota*, la terre des Ancêtres où pousse le peyotl. Les étapes sont toujours les mêmes, fixées par la tradition depuis la nuit des temps. Pendant le parcours, le chaman qui les guide – il sait tous les récits et connaît toutes les formules de protection et de salut – lit le paysage traversé comme les pages d'un grand livre. À une inflexion d'un sentier, il s'arrête, formule humblement une demande, puis ouvre l'espace vide, le balaie cérémonieusement des plumes de son bâton sacré : il peut franchir la « Porte des Nuages ». Chaque porte constitue un accès à un nouvel espace sacré. Tout au long du chemin, les reliefs, la place des arbres, la disposition des rochers ont une histoire : ici les pierres disséminées sur le sol sont une gerbe de flèches oubliées par un Ancêtre distrait, là un ensemble de marécages représente le nombril des sources du monde (cette mare boueuse n'est autre que l'empreinte laissée par un dieu, d'où jaillit une source). Il faut s'arrêter longtemps, accomplir des ablutions rituelles, faire des offrandes, planter sur les rives des flèches décorées de plumes. Et puis on reprend la route, pour parvenir enfin à la montagne du soleil, dans un paysage d'une aridité absolue.

À proximité de la montagne se tient la terre des Ancêtres. Les visages des pèlerins se ferment : le lieu est saturé de mythes, de présences sacrées. Soudain le chef d'expédition dit voir un grand cerf. Le recueillement est total. On suit le chef. Sur le lieu de l'apparition, il dirige une pointe de flèche vers le sol : les cornes du cerf invisible retombent ; apparaît à leur place un grand cactus. Par là se répète l'histoire même du dieu, car le peyotl est né quand la divinité du Soleil envoya une flèche de lumière sur le dieu-Cerf, dont les cornes, en tombant sur le sol, se transformèrent en le précieux cactus. Autour du peyotl, on entame des invocations, on fait une multitude d'offrandes, et on le conjure de donner aux pèlerins sa puissance et sa magie. Alors seulement, le chaman déracine le peyotl, en donne un morceau à chaque pèlerin qui le mange, en récitant la formule : « Toi qui es venu chercher la vie, voilà la vie ! » Les pèlerins passeront à *Wirikota* trois jours, à ramasser la plante sacrée, emplissant leurs corbeilles d'osier, en consommant un peu chaque soir jusque tard (les rêves de chacun sont alors soigneusement analysés et déterminent la vie et l'organisation sociales de l'année à venir). Et puis ils reprennent la route, pour accomplir à pied les quatre cents kilomètres du retour.

Si les Huichol accomplissent ce voyage, c'est sans doute pour récolter un cactus qui sert aux Indiens de remède universel, de stimulant, mais c'est aussi pour *faire tenir le monde*. Le peyotl représente une divinité du Feu ; il forme, avec le maïs et le cerf, une trinité sacrée. La mythologie veut que la première expédition ait été organisée par un dieu primordial (celui qui triompha des ténèbres et de la mort) afin d'imposer l'alternance de la saison sèche et de la saison des pluies, l'équilibre des puissances du Feu et de l'Eau. C'est de ce partage que dépend la vie : le maïs exige de l'eau et du soleil. Répéter cette expédition originaire, c'est assurer l'équilibre cosmique, garantir la stabilité de l'univers. Il faut marcher pour faire *tenir le monde*. Mythe, donc, de la renaissance, personnelle et cosmique.

Le pèlerinage engage aussi une utopie de la présence. On a dit l'importance des reliquaires comme destination privilégiée des pèlerinages. Il s'agit, pénétrant dans le sanctuaire, d'être en effet directement *présent* : présent au corps du saint qui est bien là, sous son manteau de marbre, et fait rayonner sa force de telle sorte que la pierre en est chargée, présent à la colline sur laquelle s'est étendue l'ombre du Sauveur et qui en garde comme un écho éternel. Il ne s'agit plus de symbole, ni d'image, ni de représentation : c'est bien *là*. Mais il faut y parvenir en marchant : par elle-même la marche, comme elle prend du temps, installe la présence. Quand on se trouve au pied d'une montagne, si on l'a approchée de loin, ce n'est pas seulement l'œil qui perçoit une image : le corps, dans sa chair et ses muscles, s'en est nourri longtemps. L'image n'est qu'une simple présentation. Je sors d'un véhicule et je suis en face du monument, d'une Église ou d'un Temple : je les vois, je les détaille, mais ce sont des images. J'en prends une connaissance rapide, une photographie précise : image d'une image. La présence, c'est ce qui prend du temps : il faut voir de loin, depuis la dernière colline d'Avallon, soudain surgir la Madeleine de Vézelay, et puis s'en approcher lentement, voir comment la lumière tombante lentement la transforme, il faut la perdre et puis la retrouver, la deviner – mais marchant on sait qu'elle se tient là et nous attire. Quand enfin le pèlerin lâche son sac, et peut *s'arrêter* parce qu'il est parvenu, *arrivé*, c'est à peine s'il a besoin de réaliser dans ses yeux de chair cette vision conquise : son corps en est rempli jusqu'au bout des orteils.

Alors toute la journée se transfigure. Arriver en marchant jusqu'à ce lieu dont on a rêvé le nom tout le jour, dont on a imaginé longtemps le dessin, illumine en retour le chemin. Et ce qui fut accompli dans la fatigue, parfois l'ennui, face à cette présence absolument solide qui le justifie, devient une série de moments nécessaires et joyeux. Marcher rend le temps réversible.

La démarche cynique

Le sage grec est-il un bon marcheur ? La légende le voudrait, puisqu'elle le dépeint essentiellement debout, déambulant au milieu des disciples, marchant d'un bout à l'autre d'une travée de colonnades ou bien d'une allée d'arbres, s'arrêtant un peu, puis faisant demi-tour, et repartant dans l'autre sens, suivi toujours d'élèves empressés. C'est ainsi que Raphaël dans son fameux tableau (*L'École d'Athènes*) a fait le portrait des philosophes antiques : debout, le pas sûr, l'index décidé.

Socrate, comme on sait, ne tenait pas en place. Il était toujours à faire les cent pas sur l'agora, surtout les jours de marché où le monde se pressait. Et de loin, on l'entendait sans cesse questionner. Mais ce n'est pas marcher qu'il aimait, c'était aller trouver du monde sur les places publiques ou aux abords des stades. Xénophon rapporte dans ses *Mémorables* que « Socrate a toujours vécu au grand jour. Dès le matin, il fréquentait les promenoirs des gymnases ; les jours de marché, il était là, et il passait son temps à l'endroit où il avait le plus de chance de trouver le plus de monde, sans cesse parlant et questionnant » (I, 1, 10). Mais pour autant, Socrate ne fut pas grand marcheur. Dans le *Phèdre*, on le voit indifférent à la promenade, rétif à la campagne : la Nature ne lui parle pas assez (230d).

Une indication très elliptique, chez Diogène Laërce, fait penser que peut-être Platon avait pu enseigner en marchant (III, 27). Aristote, lui, aurait dû à cette même pratique son surnom de « Promeneur » (*peripatêtikos*, V, 2). À moins que ce ne soit seulement à cause de son lieu d'enseignement qu'on l'ait appelé ainsi : car il établit son école (le Lycée) en occupant un ancien gymnase, aux bords de l'Illissos, qui disposait d'un péristyle (un *peripatos*). *Peripatein*, c'est « se promener », et c'est aussi en grec « converser », « dialoguer en marchant ». Diogène Laërce rapporte sur Aristote qu'il avait les jambes maigres et qu'il décida de s'asseoir dès qu'il eut un nombre conséquent de disciples.

Chez les Stoïciens, on n'enseigne déjà plus en marchant, mais, comme à l'école d'Épictète, le maître s'adresse à un public qu'il faut imaginer immobile, et qu'il interpelle. Quant aux Épicuriens, qui n'aimaient guère ni l'agitation ni le mouvement, il faut les penser dissimulés dans des jardins, devisant calmement à l'ombre des grands arbres.

Les seuls sages grecs authentiquement marcheurs furent les Cyniques[1]. Toujours à errer, à vagabonder, à traîner dans les rues. Comme des chiens. Toujours sur la route, allant de ville en ville, de place publique en place publique.

C'est à leur allure d'ailleurs, à leur apparence physique qu'on les reconnaissait. Ils ont en main un bon bâton, sur leurs épaules une pièce de tissu épais, qui leur sert en même temps de couverture, de manteau et de toit, et portent au côté une besace contenant trois fois rien[2]. Ils ont tellement marché que c'est à peine s'ils ont besoin de

---

[1]. Le terme de « cynique » provient du grec *kunos*, le chien. Il désigne un personnage dont le mode de vie était très rude, qui passait son temps à invectiver la foule et qui dénonçait les hypocrisies du monde. On est très loin du sens actuel de « cynisme » qui signifie plutôt le fait de tirer un maximum de profits d'un système, au mépris des valeurs les plus élémentaires.

[2]. Diogène Laërce, *Vie et doctrines...*, VI, 22-23.

se chausser : la plante de leur pied est une semelle de cuir. Ou bien, ils portent des sandales. Le pèlerin du Moyen Âge leur ressemblera, mais davantage encore les prédicateurs des ordres mendiants. Mais ce n'est pas pour évangéliser qu'ils marchent, mais provoquer, inquiéter. Ils pratiquent l'art de la diatribe, pas celui du prêche. Ils insultent, ils choquent, ils agressent verbalement.

Après leur apparence, c'est le langage qui les distingue. Du reste, c'est à peine s'ils parlent : ils aboient. Leur parole est râpeuse, agressive. Une fois rendus sur la place publique, parvenus à destination après des jours de marche, il faut les entendre vociférer, haranguer la foule amassée, pressée, entassée, toute à la joie de ces diatribes furieuses, mais vaguement inquiète aussi. Car chacun est pris à parti et se voit remis en cause dans ses habitudes, sa conduite, ses convictions. Ce ne sont pas pour autant de grandes démonstrations savantes ou des dissertations morales. Le Cynique aboie : des jappements brefs, mais insistants. Plutôt une série de mises en demeure, des plaisanteries mordantes qui virevoltent, des imprécations qui fusent.

Se trouvent conspuées, moquées, traînées dans la boue toutes les compromissions et toutes les conventions : le mariage, le respect des hiérarchies, la cupidité, l'égoïsme, la quête des reconnaissances, les lâchetés, les habitudes, les vices, les rapacités. Tout y passe, tout se trouve dénoncé, accusé, ridiculisé, depuis la condition nomade.

La philosophie cynique est liée à l'état de marcheur bien au-delà des apparences de l'errance, mais selon des dimensions d'expérience inhérentes à ces grandes pérégrinations et qui deviennent, une fois importées en ville, de la dynamite.

Le Cynique par sa vie grossière, rustre, fait valoir une première expérience : l'élémentaire. Il faut dire qu'il se trouve confronté aux éléments dans toute leur force, leur brutalité même : le vent glacial, la pluie battante, le soleil brûlant. Par la marche, il s'y expose, comme par son dénuement : sans domicile ni possession aucune. Mais par là, il retrouve une *vérité* de cette condition primitive. L'élémentaire, c'est la vérité de ce qui tient, résiste, n'est accroché à aucune circonstance. L'élémentaire comme vrai est sauvage, et participe à l'énergie des éléments.

Le philosophe qu'on pourrait dire « de bureau » se plaît à opposer l'apparence et l'essence. Derrière le rideau du spectacle sensible, derrière le voile des visibilités, il veut discerner l'essentiel et le pur, s'attachant à faire miroiter, bien au-delà des couleurs du monde, l'éternité transparente de sa pensée. Le sensible est mensonge, dispersion mouvante des apparences, le corps un écran, et la vérité vraie se rassemble dans l'âme, la pensée, l'esprit.

Le Cynique brise le jeu de cette opposition classique. C'est qu'il ne va pas chercher, il ne va pas reconstruire une vérité au-delà des apparences. Il ira la débusquer dans la radicalité de l'immanence : juste en-dessous des images du monde, il traque ce qui les soutient. L'élémentaire : il n'y a de vrai que le soleil, le vent, la terre, le ciel. Ce qu'ils ont de vrai, c'est leur indépassable vigueur. Car le sensible que traversait le philosophe immobile, pour trouver refuge dans l'intelligible éternel, était encore trop complexe et divers. Tout s'y trouvait mêlé : maisons, forêts, monuments, précipices. Il ne fallait pas si vite dépasser les apparences, mais l'authentique ascèse, c'est de s'enfoncer dans les choses, de creuser le sensible jusqu'à trouver l'absolument élémentaire comme énergie, jusqu'à ce point qui résiste.

Mais si cette découverte fait courir le Cynique (il n'est pas un ermite vivant seul de la respiration de l'Être), c'est qu'elle est politique : elle doit servir à faire éclater la dérision des grandes postures du philosophe, épaules rentrées, recroquevillé sur ses richesses intérieures, faire éclater la pauvreté de ses vérités d'essence, la superficialité de ses leçons et de ses livres. La vérité, ce sont les éléments pris dans leur vigueur sauvage : le vent qui bat la peau, le soleil étincelant, les orages qui sidèrent. En faire l'expérience, c'est en même temps saisir une énergie archaïque qui fait rire des rictus solennels du sage.

La deuxième expérience, suscitée par l'état de nomade, est celle du cru. Beaucoup d'écrivains de l'époque représentent le scandale des Cyniques en les accusant de se nourrir de viande crue. Diogène ne serait-il pas mort en tentant de manger un poulpe vivant[1] ? Mais il n'y a pas que la crudité des aliments : leur langage est cru, leurs manières aussi.

Mais cette crudité, cette rusticité de leur conduite et de leur condition, là encore est une machine de guerre contre une autre grande opposition classique. Le philosophe assis se plaît à distinguer le naturel et l'artificiel. Ce qu'ils

---

1. *Ibid.*, VI, 74.

appellent Nature, c'est l'ordonnancement de chaque chose à son essence, la coïncidence d'un être avec sa définition. Et cette identité transparente d'avec soi peut être brouillée par l'artifice : artifice des discours, des dispositifs sociaux, des lois politiques. Il faudrait alors, à chaque fois, retrouver, derrière ce qui se donne, la vérité calme de toute chose.

Comme le Cynique avait décalé l'essentiel du côté de l'élémentaire, il subvertit le naturel. La Nature pour lui, c'est du cru. Le cru, c'est de la Nature au ras du besoin élémentaire. C'est la Nature, mais pas la Nature rêvée, utopie d'un séjour des vérités tranquilles. Le cru, c'est de la Nature non-civilisée, sauvage, intempestive, de la Nature impolie, scandaleuse, sans vergogne, inhumaine. Le corps fonctionne sans tenir compte des conventions, des règles. La nudité, c'est du cru. La défécation ou la masturbation, c'est du cru[1]. Manger, c'est une histoire d'estomac, pas davantage : remplir et vider. Le chien ne fait de manières ni pour dormir, ni pour se satisfaire : comme ça se trouve. À Diogène, un jour qu'il traînait autour d'un banquet, alors qu'il

---

1. Dion Chrysostome, *Diogène ou de la vertu* (8ᵉ Discours), § 27 ; Diogène Laërce, *Vie et doctrines...*, VI, 69.

vociférait et tempêtait contre cette assemblée d'idiots, on lui jeta comme à un chien un os encore rempli de viande. Diogène se précipite, s'en saisit, le ronge goulûment, puis revient, se met debout sur la table et pisse sur les noceurs. Je mange comme vous, messieurs, et je pisse comme vous[1].

Le Cynique n'est pas immoral. Mais il se sert de la simple affirmation de son corps, au ras de ses fonctions biologiques, pour dénoncer tout ce que les hommes refourguent de bonne éducation, de valeurs apprises, d'hypocrisies quand ils parlent de la Nature. C'est qu'elle est devenue, par les sages immobiles, la valise diplomatique des conventions sociales, des schémas culturels : tout y est passé en douce. Le cru est révolutionnaire.

Troisièmement, le Cynique vit évidemment dehors. Alors bien sûr, parfois, un tonneau de rencontre[2]. Mais enfin, il n'a pas de logis. Il dort dans les fossés, ou contre les remparts, enfoui sous son

---

1. *Ibid.*, VI, 46.
2. *Ibid.*, VI, 23.

manteau. Il s'expose sans cesse, et pas seulement, comme on a déjà vu, aux grandes forces naturelles, mais aussi aux regards. Il mange dehors[1], s'ébat amoureusement aussi à l'air libre, comme faisaient Cratès et Hipparchia[2].

Ce « dehors » des cyniques déstabilise l'opposition traditionnelle du privé et du public. C'est là une distinction pour sédentaires : il s'agit de choisir entre deux cercles clos, protégés du grand dehors. Le privé, c'est l'intimité des passions familiales, les secrets du désir, la protection des murs, la propriété. Le public, c'est l'ambition et la réputation, la course des reconnaissances, le regard des autres, les identités sociales.

Mais le cynique est *dehors*. Et c'est depuis cet ailleurs, cette extériorité au monde des hommes qu'il peut confondre les bassesses privées et les vices publics. C'est depuis ce dehors qu'il conspue, qu'il se moque et rabat l'un sur l'autre le privé et le public comme autant de petits arrangements humains.

---

1. *Ibid.*, VI, 58.
2. *Ibid.*, VI, 96.

Une dernière dimension du Cynique voyageur, c'est le nécessaire. Le nécessaire ne s'impose pas comme une fatalité, il se découvre, il se débusque, se conquiert. Là encore, il s'agit de subvertir un système d'oppositions traditionnelles : entre l'utile et le futile. Le philosophe, courbé sur son écritoire, croit avoir pensé beaucoup, quand il a dit qu'un lit est utile, mais qu'il est futile d'exiger, pour dormir, un lit à baldaquin, ou qu'il est utile de boire au verre, mais qu'il n'exigera pas de coupe en or pour se rassasier. Distinctions vaines pour les Cyniques, parce qu'elles ne vont pas jusqu'à l'épreuve du nécessaire.

Un jour Diogène voit, à la fontaine, un enfant se servant pour boire des paumes assemblées de ses deux mains. Le Cynique s'arrête net, sidéré, et déclare : Diogène, tu as trouvé plus fort que toi[1]. Alors il extraie de sa maigre besace un gobelet de bois et le jette loin de lui, avec un sourire de triomphe. Heureux, car il a encore trouvé de quoi se délester.

Voilà le nécessaire : une conquête d'ascète. Il ne s'agit pas, comme les philosophes collés à leur chaise, de dire qu'il faut savoir se détacher de

---

1. *Ibid.*, VI, 37.

toutes les richesses inutiles qui nous encombrent, mais de creuser un peu en-dessous de l'utile, jusqu'au nécessaire. C'est davantage que de la frugalité : se contenter de peu, faire attention. La tâche, là, est plus âpre, difficile, exigeante : n'accepter que le nécessaire. On est bien au-delà de la résignation. Ce dépassement conduit à l'affirmation d'une souveraineté absolue. Car ce nécessaire, conquis au-delà de l'utile, renverse la signification du dénuement.

Car le marcheur est roi[1] : la terre est son domaine. Le nécessaire, une fois conquis, on n'en manque jamais, car il est partout et appartient à tous, comme il n'est à personne. D'où cet ultime retournement, de la pauvreté en richesse.

Après tout – c'était déjà une démonstration épicurienne – est riche celui qui ne manque de rien. Or le Cynique ne manque de rien, parce qu'il a trouvé la jouissance du nécessaire : la terre pour reposer son corps, ce qu'il trouve à manger au long de ses dérives, le ciel étoilé comme toiture, les sources pour y boire. Bien au-delà de

---

1. Dion Chrysostome, *Sur la royauté* (4ᵉ Discours).

LA DÉMARCHE CYNIQUE 189

l'utile et du futile, le nécessaire fait apparaître soudain le monde entier des objets culturels comme accessoires, aliénants, encombrants, *appauvrissants*.

Je suis plus riche, dit le Cynique, que n'importe quel grand propriétaire, car la terre est mon domaine. Mes propriétés sont sans bornes. Ma maison est plus vaste qu'aucune autre, ou plutôt j'en ai autant que je veux : autant qu'il y de recoins dans les rochers ou de creux dans les collines. J'ai en réserve plus de nourriture et de spiritueux que quiconque, me gavant de l'eau des fontaines.

Le Cynique ne connaît pas non plus les frontières, car c'est chez lui partout où il peut marcher. Citoyen du monde, non pas parce que, n'ayant plus rien à perdre, je peux enfin concevoir de gagner tout, mais parce que cet élémentaire, ce nécessaire, cette crudité du monde, ce dehors, ils sont d'une profusion sans limites. Ce n'est pas un cosmopolitisme comme idéal, projet d'avenir, idée régulatrice, fiction d'un monde, promesse. Il est absolument réalisé dans le déracinement. Le Cynique ne tient à rien, il n'est attaché à rien. Absolument libre, il étale sa santé provocante, sa souveraineté démesurée et indéfiniment partageable. Et d'où es-tu, toi, pour donner des leçons ? Je suis citoyen du monde, et c'est depuis ce dehors que je vous parle.

> Regardez-moi, je n'ai pas de maison, je n'ai pas de patrie, je n'ai pas de richesses, et pas de serviteurs. Je dors à même le sol. Je n'ai ni femme, ni enfants, ni vaste demeure, mais la terre seule, et le ciel, et un vieux manteau. Mais qu'est-ce qui me manque ? Ne suis-je pas sans tristesse, sans peur, ne suis-je pas libre enfin ?[1]

---

1. Épictète, *Entretiens*, III, 22, 47-48 (« Portrait du Cynique »).

Les états du bien-être

Tout se vaut aujourd'hui : joie, plaisir, sérénité, bonheur.... Les sagesses anciennes avaient pris soin autrefois de bien séparer ces états du bien-être. Ces partages étaient d'autant plus importants que c'est par là que les écoles de philosophie se distinguaient. Car si toutes étaient d'accord pour affirmer que la sagesse devait permettre à chacun de rencontrer l'épanouissement de son être, sur la définition de cet état – fin de l'existence, objet d'une recherche immense – les sectes construisaient leur divergence. Cyrénaïques, Épicuriens, Sceptiques, Platoniciens... Chacun de leurs sages présentait une plénitude absolument distincte : de joie, de bonheur ou de sérénité.

L'expérience de la marche pourtant n'est pas sectaire. De manière ponctuelle, elle ouvre à toutes ces possibilités, donnant la chance de ressentir tous ces états, à des degrés divers, selon des occasions différentes. Elle est une introduction pratique à l'ensemble des grandes sagesses anciennes.

Soit d'abord, le plaisir. Le plaisir est une question de rencontre. Il est une possibilité de sentir trouvant son accomplissement par la rencontre d'un corps, d'un élément, d'une substance. Il n'est question que de cela dans le plaisir : des sensations agréables, douces, inouïes, délicieusement inconnues, sauvages... C'est toujours du ressentir, et toujours provoqué par une rencontre, par ce qui vient confirmer, du dehors, des possibilités inscrites dans notre corps. Le plaisir, c'est la rencontre du bon objet : celui qui fait s'épanouir une possibilité de sentir.

La particularité maudite du plaisir, très souvent relevée, c'est que la répétition en décroît l'intensité. Le bon objet qui m'a comblé, je le consomme avec un plaisir renouvelé une seconde fois, et peut-être même plus fort parce que, m'y préparant, je me mets en posture d'*apprécier* : je m'attache à ne manquer aucune dimension, à le goûter dans toute sa plénitude. Une troisième fois, quatrième : les sillons sont tracés, et cela devient du connu, du reconnu. C'est la même chose, le même fruit, le même vin, le même contact, mais il a trouvé sa place en pointillés dans mon corps : il ne le creuse plus en le traversant. Car ce qui est recherché dans le plaisir, c'est bien cette intensité : ce moment où les facultés de sentir sont débordées, éveillées, bousculées, prises à parti. Avec la répétition, tout devient plat : c'est du réchauffé, rabâché, toujours pareil. D'où une double stratégie : la diversité ou la quantité. Soit on change les types, on trouve des variétés différentes, on passe à des genres autres. Soit on augmente les doses. Ces stratégies fonctionnent un peu, surtout les premières fois qu'elles sont mises en œuvre : on retrouve une part de l'intensité perdue. Mais les effets sont trop escomptés, espérés, traqués : il y a cette attente trop précise du plaisir qui le tue.

Dans la marche, on trouve ces moments de plaisir pur, au détour de rencontres. La saveur de framboises ou de myrtilles, la douceur d'un soleil d'été, la fraîcheur d'un ruisseau. On n'avait jamais connu cela. La marche ainsi permet, comme des flambées brillantes, ce frayage d'une possibilité de sentir, par quantités discrètes : quelques rencontres au fil des sentiers.

⁂

La joie est autre chose, moins passive et plus exigeante, moins intense et plus complète, moins locale et plus riche. Dans la marche s'éprouve aussi la joie comprise cette fois comme l'affect lié à une activité. On trouve chez Aristote et Spinoza au fond la même idée : la joie, c'est l'accompagnement d'une affirmation.

La tristesse est passivité : c'est quand je n'y arrive pas. Je me pousse, je suis contraint, et tout résiste. J'endure, je force. Je recommence, et c'est la même inertie : je n'y arrive pas. Sécheresse devant la feuille de papier : trop difficile. Les mots ne viennent pas, ils se traînent et se cognent comme des pachydermes maladroits et grotesques, s'alignant en désordre, poussivement pour former des phrases bancales. Échec dans l'épreuve sportive : trop dur, les jambes sont des poteaux et le corps une enclume. Il ne fait rien de ce qu'on lui commande et s'échoue, masse informe. Découragement avec l'instrument : les doigts ne répondent pas, ils sont comme des maillets trop lourds. La voix se tord et part en vrille. Les cordes grincent. Ou enfin la lassitude au travail : trop répétitif, trop volumineux. Il faut pousser la machine contre l'ennui et la fatigue. Rien ne va : tristesse. La tristesse, c'est une affirmation entravée, empêchée, contrariée, mauvaise.

Quand je dois effectuer un geste difficile, je recommence, je persiste, et puis enfin le geste passe. Et désormais je l'accomplis avec aisance, toujours plus d'agilité. Tout va vite et bien. Quand l'entraînement a vaincu les premières inerties, c'est pareil : le corps devient léger, il *répond*. La joie n'est pas la contemplation satisfaite d'un résultat accompli, l'émotion d'une victoire, la satisfaction d'avoir réussi. Elle est le signe d'une énergie qui se déploie dans l'aisance, elle est une affirmation libre : tout est facile. La joie, c'est une activité : exécuter facilement ce qui est difficile et qui a pris du temps, affirmer les facultés de son esprit, de son corps. Joies de la pensée quand elle trouve et découvre, joies du corps quand il accomplit sans peine. C'est pourquoi encore, contrairement au plaisir, la joie augmente avec la répétition, et s'enrichit.

Dans la marche, la joie est une basse continue. Localement bien sûr, on trouvera l'effort et la peine. On trouvera aussi des contentements ponctuels. Un regard fier pour contempler, derrière soi, le dévalement de la pente raide. Ces satisfactions pourtant trop souvent donnent l'occasion de réintroduire des quantités, des scores, des chiffres (quel dénivelé ? combien de temps ? quelle altitude ?). Et marcher devient une compétition. C'est pourquoi la randonnée en haute montagne (conquête des cimes, défis à relever) est toujours un peu impure, parce qu'elle donne lieu à des satisfactions narcissiques. Ce qui dans la marche domine, loin des hourras fanfarons, c'est la joie simple d'éprouver son corps dans l'activité la plus archaïquement naturelle. Et il faut voir l'enfant faisant ses premiers pas : ce rayonnement qui lui vient de mettre un pas devant l'autre. Quand on marche, la basse continue de la joie c'est de sentir à quel point le corps est fait pour ce mouvement, comment il trouve dans chaque pas la ressource du prochain.

Au-delà même de l'acte de marcher, mais permis par lui, il y a encore la joie comprise comme plénitude, celle d'exister. Après toute une journée de marche, le simple délassement pris à étendre les jambes, à se rassasier simplement, se désaltérer tranquillement et contempler un jour qui finit, un soir qui tombe doucement[1]. Le corps sans faim ni soif, sans souffrances, le corps en repos, et de se sentir simplement vivre cela suffit à la joie la plus haute, d'une intensité pure, d'une modestie absolue : celle de vivre, de se

---

1. C'est tout le poème de Rimbaud *Au Cabaret Vert* (« Bienheureux, j'allongeai mes jambes sous la table... »).

sentir ici, de goûter sa présence et celle du monde en harmonie. Hélas, trop souvent et depuis trop longtemps, nous sommes rattrapés par de mauvaises images qui nous font croire que la plénitude dépend de la possession d'objets, de reconnaissances sociales. Et nous partons trop loin toujours, à la recherche d'une joie pourtant tellement proche, tellement simple qu'elle en devient difficile. Nous sommes déjà au-delà, toujours nous l'avons dépassée. L'expérience de la marche en constitue sans doute une reconquête, parce qu'en soumettant le corps à une activité longue – laquelle, comme on a vu, entraîne de la joie, mais aussi de la fatigue et de l'ennui – elle fait apparaître, avec le repos, la plénitude, cette joie seconde, plus profonde, plus fondamentale, liée à une affirmation plus secrète : le corps respire doucement, je vis et je suis là.

S'éprouve encore dans la marche ce qu'on pourrait nommer « bonheur », dont les écrivains ont mieux parlé que les grands penseurs même, parce qu'il est affaire surtout de rencontres et dépend de situations. Le *plaisir* pris à savourer le long des routes des baies sauvages ou à sentir sur les joues la caresse d'une brise. La *joie* de marcher et de sentir son corps avancer « comme un seul homme ». La *plénitude* de se sentir exister. Et puis le *bonheur*, ce sera le spectacle d'une vallée violette sous les rayons du couchant, ce miracle des soirs d'été, ne durant que quelques instants, où chaque teinte, écrasée tout le jour par un soleil d'acier, dans une lumière d'or se livre enfin et respire. Le bonheur, ce sera plus tard, au gîte, la compagnie d'un soir : des gens de rencontre, heureux de se trouver ensemble par le hasard des marches. Mais dans tout cela, il s'agit de recevoir. Le bonheur suppose de se trouver destinataire d'un spectacle, d'un instant, d'une atmosphère, et de prendre, accepter, saisir la grâce du moment. Il n'y a pour cela ni recettes, ni préparation : il faut être là quand il tombe. Autrement, c'est autre chose : de la satisfaction d'avoir réussi quelque chose, de la joie d'accomplir ce qu'on sait faire. Le bonheur est fragile au sens exactement où il n'est pas répétable. Ce sont des occasions, comme des fils d'or dans la trame du monde. Il faut s'y abandonner.

⁂

Un dernier état consiste en la *sérénité*. C'est encore autre chose : davantage de détachement, moins d'émerveillement, davantage de résignation, moins d'affirmation. Une stricte égalité d'âme. La marche aussi y invite, sourdement, progressivement, et dans l'alternance même du repos et du mouvement. Elle est liée évidemment à la lenteur de la marche, à son caractère absolument répétitif : il faut *s'y résoudre*.

La sérénité, c'est de n'être plus pris dans l'alternative inquiète de la crainte ou de l'espoir, et même de se situer au-delà de toute certitude (parce que les certitudes, ça se défend, ça s'argumente, ça se construit). Quant vous êtes partis pour la journée, que vous savez qu'il faut tant d'heures pour gagner la prochaine étape, il n'y a plus qu'à marcher et suivre le chemin. *Rien d'autre à faire*. De toutes les manières, ce sera long, chaque pas enjambera les secondes mais ne raccourcira pas les heures. De toutes les manières, le soir viendra et les jambes auront fini par engloutir, par petites bouchées répétées, l'impossible distance. C'est une fatalité dont les effets sont inévitables. Il y a à peine à décider, s'interroger, calculer. Rien à faire d'autre que marcher. On pourrait anticiper, mais en marchant décidément les choses vont trop lentement. L'anticipation serait décourageante. Il faut juste alors avancer, à son rythme, jusqu'à l'étape. La sérénité, c'est de seulement suivre la route. Et puis, en marchant, la sérénité c'est aussi que tous les tracas et les drames, tout ce qui creuse de sillons vides nos vies et nos corps, tout paraît absolument suspendu, parce que hors de portée, trop éloigné, incalculable. Aux grandes passions usantes, aux excitants dégoûts des existences actives, comprimées à craquer, s'est substituée enfin la lassitude implacable de la marche : juste marcher. La sérénité, c'est la douceur immense de ne plus rien attendre : juste avancer, marcher.

L'errance mélancolique
(Nerval)

On marche beaucoup chez Nerval. On se promène, on se souvient, on s'imagine, on chante pour s'accompagner :

> Courage ! Mon ami, courage ! Nous voici près du village ! À la première maison,
> Nous nous rafraîchirons ![1]

Entre de longues séances de bibliothèque – attaché à retrouver des manuscrits rares, établir des généalogies improbables, recomposer des histoires lacunaires – et de longs moments d'écriture (écrire ces « livres infaisables » comme les désignait Dumas) ou de simple copie, entre les visites

---

1. *Les Filles du feu* (*Angélique*, « Dixième Lettre »).

aux amis rares et les soirées au théâtre à désirer l'Unique (l'actrice aimée de loin, passionnément : Jenny C.), il y a ce temps pour les promenades, les errances.

Je ne veux pas parler ici des voyages en Allemagne, Angleterre, Italie, Hollande, ou plus loin encore en Orient (Alexandrie, Le Caire, Beyrouth, Constantinople).

Plutôt de ces marches dans les rues de Paris, en descendant depuis Montmartre, en se perdant dans les ruelles des Halles ; ou encore de ces longues promenades en forêt d'Ermenonville ou de Mortefontaine, au bois de Pont-Armé, Saint-Laurent, ou bien encore les bords de l'Aisne ou de la Thève (et pour finir toujours le tombeau – sa « forme antique et simple » – de Jean-Jacques, sur l'île des Peupliers). Paysages chez Nerval de châteaux et de tours dentelées, masses rouges mouvantes des bosquets sur le vert des vallées, dorures orangées des couchants. Des arbres, des arbres encore. Des paysages plats comme un sommeil. Les brumes bleutées du matin font partout lever des fantômes. Les soirs d'octobre sont en vieil or. On y marche comme dans un rêve, lentement, sans effort (peu de reliefs accidentés). Le crissement des feuilles mortes.

On trouve un sens de la marche chez Nerval comme mélancolie. Il y a la mélancolie des noms et des souvenirs (celle des *Filles du feu* et des *Promenades*). On finit, en marchant, par rejoindre un hameau. Traversant des bois enveloppés de brouillards, on parvient au village, baigné de lumières d'automne. On en avait longtemps rêvé le nom : Cuffy, Chaalis, Loisy, Othis. Douceur et mélancolie : dans des lueurs toujours vagues et tremblantes, la marche chez Nerval berce l'esprit, tout ballotté parmi des souvenirs renaissants. Et par là, par ces marches douces et faciles, reviennent les longs chagrins de l'enfance. On ne se souvient, en marchant, que de ses rêves.

Cette marche-là, dans ces forêts frissonnantes, qui vont du bleu le matin à l'oranger le soir, sans rien de vif ni de coupant, n'apaise pas la tristesse. Elle n'en constitue pas le remède tonifiant, la ressource d'énergie. Elle ne l'annule pas : elle la transforme. C'est une alchimie que les enfants connaissent, pratiquent. On se promène alors comme on se laisse aller dans l'eau, pour diluer le chagrin et se noyer avec. Laisser voguer sa tristesse à l'air libre : s'abandonner. C'est une marche rêveuse, et Nerval retrouve le promeneur solitaire. On n'y est pas comme chez Nietzsche (où il faut toujours *grimper*) à la verticale de son destin, mais de ses rêves d'enfant.

D'anciennes chansons se fredonnent aux lèvres : « C'était un cavalier qui revenait de Flandre...[1] » De marcher longtemps en automne, sous un soleil timide, produit une confusion des temps. Dans ces faibles reliefs, les années se dispersent, s'étalent, se confondent. Et c'est toujours le même crissement, le bruit du vent pareil, et la pâleur du jour. L'enfance, c'était avant-hier, hier, tout à l'heure, aussitôt, maintenant ce chagrin indéfiniment dilué sur des sentiers de forêts sombres, fraîches. On trouve cette qualité de la mélancolie rêveuse chez Nerval : lentes promenades éveillant les fantômes de l'autrefois, visages de femmes attendries. Et la certitude, en marchant, de n'avoir jamais été enfant que dans cette lumière. Non pas nostalgie des années perdues, pas la nostalgie de l'enfance, mais l'enfance elle-même comme nostalgie (l'enfant est seul à connaître le miracle de cette *nostalgie sans passé*). En marchant là, lentement, dans ces paysages du Valois.

Autrement, il y a la mélancolie d'*Aurélia*, active, ténébreuse, celle des idées fixes, de l'accomplissement des temps. Ce n'est plus la marche attendrie, grave, langoureuse des automnes. C'est la marche fiévreuse de la quête,

---

1. *Ibid*, « Onzième Lettre ».

celle du destin, de l'urgence de la fin des temps. Nerval, depuis la fin de l'été 1854, après sa sortie de la clinique du docteur Blanche (qui ne le considérait pas guéri) n'a plus cessé de marcher. Il avait bien une chambre dans un hôtel de passage, mais pour y dormir, à peine, quand le corps épuisé réclamait son repos. Il marchait, marchait, s'arrêtait au café, buvait, puis repartait. S'arrêtait cette fois dans un cabinet de lecture, puis visiter un ami, puis à nouveau marcher. Non pas la fuite, mais une insistance hallucinée à confirmer ce qui est pressenti.

La marche cette fois comme mélancolie active. Il y a dans *Aurélia* cette figure de la marche qui fait éveiller partout les signes. L'exaltation angoissée du marcheur fou dans les villes. La rue est un dispositif merveilleux pour entretenir, nourrir, approfondir la crise. Partout des regards furtifs, des mouvements saccadés, des bruits contradictoires : bruits des voitures, cloches, éclats de voix, le choc des milliers de pas sur le trottoir. Et comme il faut se débrouiller un chemin, tout devient lutte et le délire s'accomplit.

Je pense au dernier jour, au 25 janvier 1855 : l'errance ultime, qui s'achève pour Nerval rue de la Vieille-Lanterne (il y trouve une grille de fenêtre où se pendre). Mais c'est trop vite parler d'« errance », car il suivait une idée fixe, urgente. Il avait *Aurélia* dans les jambes. Et ce que c'est que de suivre une étoile qui appelle.

On trouve, qu'on examine ses propres moments de désespoir profond ou de brusque euphorie – ou plutôt, car il n'y a pas de vrai choix entre les deux : d'intensité –, une tentation de la marche. Il faut sortir, il faut partir, aller et suivre. On marche à pas forcés, partout l'impression que tous vous regardent, vous cernent, vous dénoncent, mais traverser malgré, contre elles, les foules, avec et contre soi. Marcher, comme une décision continue du délire, haute conquête des solitudes. Et voir qu'ici tout scintille, fait signe, appelle. Nerval voyait une étoile s'agrandir, les lunes se multiplier. La marche épanouit le délire. Elle réalise la manie, car tout devient *logique* en marchant : les jambes portent, et l'on se dit que c'est bien ça. Il faut y aller, c'est bien par là. Les autres nous croient errer, alors qu'il s'agit de suivre son idée, l'idée qui entraîne, porte. Les mots viennent à la bouche : on parle comme on marche. Tout est vrai. La marche, c'est de la mélancolie active.

« Je chantais en marchant un hymne mystérieux. » Des mélodies reviennent, toujours de confirmation. Cette marche ne fait plus revenir doucement des souvenirs, mais elle multiplie les coïncidences. Prolifération des signes : c'est bien ça.

Il est parvenu dans cette rue de la Vieille-Lanterne, très sombre, noire, reculée, minuscule, peu facile d'accès. On y « tombait » en empruntant la rue de la Tuerie, laquelle partait de la place du Châtelet. Il fallait suivre cette première ruelle jusqu'à un rétrécissement. À cet endroit, elle devient un escalier « étroit, visqueux, sinistre », qui donne en contrebas sur ce qui n'est qu'un bout de trottoir sombre (rue de la Vieille-Lanterne). S'y rendre la nuit, c'est juste « l'idée d'une descente aux enfers » (Dumas).

Le suicide (on retrouve au matin blanc Nerval pendu, « le chapeau sur la tête », dira encore Dumas, toujours inspiré par le malheur des autres) aura-t-il été l'amertume de la lucidité retrouvée, insupportable, ou une fulgurance extrême du délire, son accomplissement ?

Mais sait-on pourquoi on marche ?

La sortie quotidienne
(Kant)

La vie de Kant, comme on sait, ne fut pas autrement aventureuse. On imagine même difficilement une existence plus morne.

Né et mort à Königsberg. Il n'a jamais quitté sa ville natale, jamais voyagé. Son père fabriquait des selles et des courroies. Sa mère était très pieuse et aimante. Il n'entendit jamais prononcer une insulte chez lui. Il les perdit l'un et l'autre très jeune.

Il étudia, travailla, devint précepteur, assistant, puis professeur d'université. On trouve au début de son tout premier livre la phrase : « Je me suis tracé une route que je suivrai. Une fois commencée ma marche, rien ne pourra l'arrêter. »

De taille moyenne, une grosse tête avec des yeux très bleus, une épaule (la droite) plus haute que l'autre, il avait une constitution délicate. Un de ses yeux ne lui servait plus.

C'était, comme on sait, un modèle de régularité. À ce point qu'on le surnommait « l'horloge de Königsberg ». Les jours de cours, quand on le voyait sortir de chez lui, on était sûr qu'il était exactement huit heures. À huit heures moins dix, il avait mis son chapeau ; à moins cinq, il s'était saisi de sa canne ; à huit heures, il franchissait le seuil de sa porte.

Il disait de sa montre qu'elle était le dernier objet dont il se serait passé.

Comme Nietzsche, mais avec des intensités différentes, en-dehors de l'écriture et de la lecture, deux choses seules l'occupaient : l'impératif de sa promenade et ce qu'il fallait manger. Mais les styles diffèrent absolument : Nietzsche était un grand marcheur, infatigable, ses promenades étaient longues, parfois escarpées ; et le plus souvent il se nourrissait de peu, à la manière d'un ermite, toujours à la recherche de ce qui pourrait le moins gâter son estomac fragile, multipliant les diètes.

Kant au contraire mangeait de bon appétit, buvait bien, quoique sans abuser, et restait de longues heures attablé. Mais il se ménageait pendant sa promenade quotidienne qui demeurait très chiche, un peu mesquine. Il ne supportait pas de suer. Aussi l'été marchait-il très lentement et s'arrêtait-il à l'ombre dès qu'il sentait perler quelques gouttes.

D'aucun des deux, on ne peut dire que leur santé fut parfaite, solaire (sans pour autant y voir des symboles physiologiques de leur philosophie, il faut constater que le premier était constipé, tandis que l'autre souffrait de vomissements).

De tempérament fragile, Kant aimait penser qu'il devait sa longévité (quatre-vingts ans) à son régime de vie inflexible. Il tenait sa bonne santé pour une œuvre personnelle : grâce à la discipline parfaite qu'il s'était imposée. Il se passionnait pour la médecine diététique, laquelle, comme il disait, n'est pas l'art de jouir de la vie mais de la prolonger.

Ses dernières années cependant, il accusait un fluide électrique dans l'air de lui gâter la santé, courant dont il affirmait qu'il était la cause de la mort d'un nombre incroyable de chats de Bâle, à la même époque. Il n'eut jamais de dettes, et le disait très fort à qui voulait l'entendre. Il ne supportait pas le désordre. Il fallait que les choses toujours soient à leur place. Tout changement lui était insupportable.

Un élève qui assistait régulièrement à ses leçons avait, depuis toujours, un bouton qui manquait à sa veste. Un matin, il se rendit au cours avec un bouton neuf, ce qui troubla fort le professeur, dont le regard ne pouvait s'empêcher de revenir sur la veste du jeune homme et de fixer la protubérance nouvelle. La légende veut que Kant ait demandé à l'étudiant de bien vouloir arracher le bouton neuf. Il disait qu'il était aussi important d'apprendre une chose que de savoir, une fois apprise, où la classer. Il s'habillait toujours de la même manière. On ne lui connaissait aucune fantaisie.

Sa vie, ce point aussi est connu, était aussi réglée que du papier à musique. Il se faisait réveiller le matin à cinq heures. Jamais il ne fut levé après. Il déjeunait de quelques bols de thé, puis fumait une pipe, la seule de la journée.

Les jours de cours, il sortait enseigner le matin, puis reprenait sa robe de chambre et ses pantoufles pour travailler, écrire jusqu'à exactement une heure moins le quart. Alors il s'habillait à nouveau et recevait avec plaisir une petite société d'amis, pour parler de sciences, de philosophie, et du temps qu'il faisait.

Il faisait immanquablement servir trois plats et du fromage, disposés sur la table (parfois quelques desserts), ainsi qu'une petite carafe de vin pour chaque convive. On parlait jusqu'à cinq heures.

Après, c'était l'heure de la promenade. Que le temps fût beau ou mauvais, il fallait la faire. Il l'effectuait seul, car il voulait, pendant tout le temps du trajet, respirer par le nez, la bouche fermée, ce qu'il pensait être excellent pour le corps. La compagnie d'amis l'aurait obligé à parler et à ouvrir la bouche.

Toujours le même chemin, au point qu'on baptisa plus tard ce parcours dans le parc du nom d'*Allée du philosophe*. Une rumeur veut qu'il n'ait jamais altéré le cours de cet exercice que deux fois dans sa vie : pour pouvoir plus tôt se procurer l'*Émile* de Rousseau, et pour aller aux nouvelles, après l'annonce de la Révolution française.

Rentré de sa promenade, il lisait jusqu'à dix heures, puis se couchait (il ne faisait qu'un seul repas par jour) et s'endormait aussitôt.

Cette promenade sans éclat, sans grande union mystique avec la Nature, cette promenade sans plaisir, mais qui se donnait comme une obligation d'hygiène, cette promenade d'une heure, mais tous les jours, tous les jours sans qu'un seul jour manque, elle fait voir trois aspects importants de l'expérience de la marche.

La première, c'est la monotonie. La marche est monotone, sévèrement monotone. Les grands récits de marche (de Toepffer[1] à Vieuchange[2]) ne peuvent tenir que par tous les accidents survenus, les rencontres surgies, la description des souffrances. Il y a toujours, dans ces épopées du pèlerinage ou de la randonnée, infiniment plus de pages sur les haltes que sur les parcours eux-mêmes. L'événement n'appartient jamais à la marche, il est ce qui l'interrompt. Car la marche est par elle-même monotone. Ce n'est pas « intéressant » et les enfants le savent. Au fond, marcher, c'est toujours pareil : mettre un pied devant l'autre. Mais le secret de cette monotonie, c'est qu'elle constitue un remède à l'ennui. L'ennui, c'est l'immobilité du corps confronté au vide de la pensée. La répétition de la marche tue l'ennui parce qu'il ne peut plus se nourrir de la lassitude du corps et puiser dans son inertie le vague vertige d'une spirale indéfinie. Dans l'ennui, on cherche toujours *quelque chose à faire*, dans l'évidence de la futilité de tout mouvement. En marchant, il y a toujours quelque chose à faire : marcher. Ou plutôt non, il n'y a plus rien à faire parce qu'on marche justement, et dès qu'on se

---

1. R. Toepffer, *Voyages en zigzag*, Paris, Hoëbeke, 1996.
2. M. Vieuchange, *Smara Carnets de route*, Paris, Payot, 1998.

rend à tel endroit ou qu'on accomplit tel parcours, il reste seulement à avancer. C'est d'une évidence plate comme le monde. Cette obligation monotone du corps libère la pensée. En marchant, on n'est même pas obligé de penser, de penser ceci ou cela, comme ceci ou comme cela. L'esprit est rendu, par l'effort continu et automatique du corps, à sa disponibilité. C'est alors que les pensées peuvent *venir*, survenir, advenir.

Le deuxième aspect tourne évidemment autour de la régularité. Ce qui impressionne chez Kant, c'est la dureté d'une telle discipline. Tous les jours cette promenade, comme accompagnement et symbole de ces heures passées à travailler chaque jour. Tous les jours, une page à écrire, une pensée à développer, une preuve à apporter, une démonstration à établir. Et au bout du compte : une œuvre gigantesque. Encore faut-il, c'est vite compris, avoir quelque chose à dire et à penser. Mais c'est le rapport qui ici impressionne, ce thème d'un gigantisme obtenu par un effort, un petit geste répété, une discipline. L'œuvre n'est pas donnée dans la fulgurance d'une inspiration qui suspend le temps, mais elle se construit pierre par pierre. Comme après trois, quatre jours de marche, quand vous vous retournez au sommet d'un col et apercevez au loin le point d'où vous étiez partis. Cette distance, cet éloignement ravi par la distance menue d'un pas, un pas devant l'autre, avec une infinie persévérance. La discipline, c'est l'impossible conquis par la répétition obstinée du possible.

L'ultime dimension serait quelque chose comme de l'inéluctable. On savait à cinq heures de l'après-midi qu'il allait sortir et accomplir sa promenade. C'était comme un rituel immuable, aussi régulier et capital que le lever du soleil. Ce qu'ajoute l'idée d'inéluctable à celle de régularité, c'est de la fatalité, mais une fatalité maîtrisée, qu'on s'impose *à force de*. Par la discipline il arrive qu'on devienne, pour soi-même, un destin. Il y a ce seuil de la volonté, au bout de vingt, trente, quarante ans, qui fait basculer ses efforts dans une nécessité qui nous surplomberait presque, s'il ne s'agissait de sa propre construction. L'inéluctable, c'est pour faire voir que la discipline n'est pas seulement une habitude passive. Il fait sentir un destin de la volonté, par quoi Nietzsche définissait la liberté. L'inéluctable dans la marche, c'est qu'une fois parti on est forcé d'arriver. Il n'y a pas d'autre moyen, il faut avancer. Et au bout de la fatigue et du chemin, on y arrive *toujours*, il suffit d'ajouter les heures les unes aux autres et de se dire : *Allons !* C'était écrit, imparable. Quand on est à pied, pour arriver il faut marcher. La volonté comme destin.

Promenades

Bien sûr qu'on marche pendant les promenades. Même s'il existe aussi des promenades à cheval, en bateau... En promenade, l'acte de marcher n'a sans doute pas la même épaisseur que lors des grandes excursions, mais d'autres dimensions s'y font sentir, plus humbles, moins propres aux grandes postures mystiques, aux tromperies métaphysiques, aux déclarations solennelles.

Il y a : la promenade comme rite absolu, création d'une âme enfantine ; la promenade comme libre délassement, récréation de l'esprit ; la promenade comme redécouverte.

Comme rite, ce sont les promenades de notre enfance. Il faut alors des parcours bien tracés, des itinéraires strictement délimités. On ne fait pas indifféremment *de* la promenade, ni même *une* promenade, mais *telle* ou *telle* promenade. Et elles ne se ressemblent jamais en rien pour les enfants. Elles empruntent des sentiers différents, les haies qui les longent sont uniques, les perspectives irréductibles. Elles ne se croisent pas.

Grandir, c'est n'être plus sensible qu'aux généralités, aux similitudes, aux genres d'être. La forêt, la montagne, la plaine... Et autour de chez soi, tout devient pareil : pour nous, adultes, chaque sentier est pris dans le même grand paysage, englobé. L'adulte voit tout depuis la hauteur de ses années. La perspective de l'expérience aplanit tout, tasse, affadit. Tout revient au même. Il sait que sa maison est située dans un pays, que plusieurs chemins y mènent.

Pour l'enfant, les chemins éloignent, inquiètent, ils sont des possibilités de mondes. Ils ne se ressemblent pas : ils ouvrent sur des univers distincts. Déjà pour lui, il n'y a pas deux arbres qui se ressemblent : leurs branches noueuses, leurs troncs tordus, leur profil, tout les différencie. Ce ne sont pas deux mûriers, ou deux chênes, mais : le guerrier et le sorcier, le monstre et l'enfant. Alors que dire quand il s'agit de deux promenades, avec pour chacune sa succession unique d'arbres, de personnages, la couleur de ses chemins, les gens qu'on peut y rencontrer ? À chaque promenade correspond une histoire séparée, chacune ouvre un royaume différent, autrement habité, hanté.

Proust avait ainsi, enfant, deux promenades qui faisaient deux mondes : du côté de chez Swann (ou de Méséglise), et du côté de Guermantes. Deux cartes complètes du monde, avec leurs saisons, leur tonalité, leur durée, leurs couleurs. Ainsi du côté de chez Swann, c'était la promenade qu'on risquait même si le temps était mauvais puisqu'elle était courte, les guirlandes de lilas qu'on embrassait doucement, les aubépines à l'odeur enivrante, le parc de Swann où parfois pouvait surgir, entre des haies de jasmin, Gilberte, la petite frondeuse, impénétrable, sournoise.

Le côté de Guermantes, d'abord pour s'y rendre il fallait prendre la porte de derrière, au fond du jardin, et il fallait être sûr du temps car il entraînait loin. Guermantes, c'était avant tout une destination fabuleuse qu'on n'atteignait jamais, mais aussi les bords de la Vivonne (on s'asseyait parfois au bord de l'eau, au milieu des iris), cette maison perdue dans les bois à la fenêtre de laquelle une femme élégante restait parfois accoudée, triste et pensive. C'étaient encore « de petits enclos humides où montaient des grappes de fleurs sombres ».

Deux mondes séparés. Albertine, bien plus tard, choquera le narrateur en lui proposant d'aller à Guermantes en prenant par Méséglise... Scandale, aberration, stupéfaction ! Les possibilités objectives de la géographie, alors, heurtent de front, brisent les cristallisations nettes de l'enfance. C'est que, pour l'enfant, une promenade est une identité complète, un visage, une personne. Ce ne sont pas des routes qui se croisent à des carrefours, ou des sentiers sous un même ciel. Sans doute était-il possible, depuis le clocher de Saint-Hilaire, d'apercevoir ensemble le tracé des promenades, depuis une perspective unique, baignant dans la couleur d'un seul pays, d'une unique lumière. Mais ce surplomb est faussement supérieur et n'intéresse qu'un regard abstrait pour lequel les chemins sont des lignes. L'enfant, qui vit au niveau des sentiers, sait que les formes des cailloux, le dessin des arbres, les odeurs des fleurs, tout est différent.

Et il ne faudrait pas opposer ici la tendance rêveuse, imaginative des enfants, à l'objectivité réaliste des adultes. Ce sont les enfants qui sont absolument réalistes : ils ne procèdent jamais par généralités. L'adulte reconnaît la forme générale dans un cas particulier, un représentant dans l'espèce, dissout le reste et prononce : c'est du lilas, voilà un frêne, un pommier. L'enfant, lui, perçoit des individus, des personnalités. Il voit le profil unique, sans le masquer d'un nom commun, d'une fonction. Quand on marche avec des enfants, ils font voir des bêtes fabuleuses dans des frondaisons d'arbre, ils font sentir la douceur des pétales de fleur. Ce n'est pas le triomphe de l'imagination, mais un réalisme sans préjugés : total. Et la Nature est immédiatement poétique. Ces promenades, règne absolu de l'enfance, on en perd en grandissant le charme, parce qu'on finit par se faire des idées et des certitudes à propos de tout, et qu'on ne veut plus connaître des choses que leur représentation objective (qu'on nomme tristement leur « vérité »).

Bien au-delà de l'enfance, il existe un style de promenade tout aussi rêveur, quoique moins poétique. Je veux parler de la promenade comme légèreté, détente : marcher pour « changer d'air ». Après un travail harassant, ou quand l'ennui devient trop lourd, on sort faire une promenade afin de « se changer les idées ». Surtout quand le contraste est vraiment trop fort entre un soleil de printemps, un air vif dehors et l'atmosphère empesée, sombre des bureaux de travail. Un philosophe allemand, ami de Kant, a décrit cet art avec une grande précision et du tact.

Dans *L'Art de se promener*, Karl Gottlob Schelle établit en effet que la promenade sans doute produit une détente du corps – au sens propre puisque, délivré de la courbature imposée par le travail, il se déplie –, mais qu'au-delà c'est l'esprit surtout qui se réjouit. Car elle entraîne comme un délassement de l'âme. Quand on travaille, il faut rester captif de son sujet, demeurer fixé à sa tâche, ne penser qu'à une seule chose à la fois. En position assise, le corps ne doit pas trop bouger, et s'il est cette fois à l'effort, les gestes doivent être précis, les pressions musculaires coordonnées. Le travail finit toujours ainsi par produire un énervement, dû à une concentration trop longue.

Pour autant, se promener ne va pas signifier un repos subit, une simple pause, comme s'il s'agissait seulement de *s'arrêter*. La promenade fait plutôt changer de rythme : elle délie les membres du corps et les facultés de l'âme. Se promener, c'est d'abord faire fi des contraintes : je choisis mon parcours, mon rythme et mes représentations. Schelle, on l'a dit, était un ami de Kant. On devine encore qu'il l'a lu : c'est toute l'esthétique kantienne qu'il retrouve, appliquée à la promenade.

Se promener, c'est autre chose d'abord que faire les cent pas, ce qui n'est finalement qu'une autre manière de développer l'obsession d'une idée ou le fil d'une méditation. Après tout, je peux bien me lever et marcher quand je suis en butte à un problème. Mais alors je ne m'éloigne pas forcément, je fais quelques pas, les bras derrière le dos en hochant la tête, et dès que le mouvement de mon corps a donné un peu plus de jeu à mon esprit – qui résout la difficulté, trouve l'ordonnancement idéal, construit la démonstration correcte, touche la bonne idée – alors je me précipite à nouveau à ma table de travail, jusqu'au prochain blocage.

Partir se promener, c'est autre chose : on dit adieu à son travail. On referme les livres, les dossiers, et on sort. Une fois dehors, le corps va à son rythme et l'esprit se sent libre, c'est-à-dire disponible. Je tourne la tête vers les impressions qui m'attirent à droite du paysage, je les compose avec celles que je reçois de la gauche, je fais jouer des contrastes de couleur, je passe du détail à la vue d'ensemble par un va-et-vient continu. Et si je suis dans une grande allée de jardin public déjà pleine d'une foule bigarrée, j'observe, mais sans que l'esprit soit au travail : je laisse glisser mes regards d'un visage à un autre, d'une robe à un chapeau, sans me laisser accrocher nulle part, en ne retenant jamais qu'une forme, une ligne, une expression. C'est cette composition libre du théâtre des apparences que Kant appelle le plaisir esthétique : l'imagination joue avec les impressions qu'elle combine, elle les recompose au gré de sa libre fantaisie. C'est d'une totale gratuité, et l'esprit, par là, manifeste sa profonde harmonie intérieure : toutes mes facultés sont spontanément d'accord pour jouer ensemble à mettre librement en forme le spectacle du monde.

Pour que l'art de se promener soit à son comble, il y faut, précise Schelle, un certain nombre de conditions extérieures. Si vous vous promenez dans des lieux publics, il faudra des allées larges, afin que les corps des passants ne soient pas perpétuellement empêchés, et une foule qui ne soit ni trop compacte ni trop grêle : s'il n'y a que de rares promeneurs vous serez tentés de rechercher des visages connus et de faire de l'inspection (est-ce lui ?) et ceci vous ramènera à vos rôles sociaux. S'il y en a trop, vous serez découragés par l'envahissement, la multiplication des images qui déborderont vos capacités de synthèse. Si vous choisissez la campagne, il faut élire un paysage où alterneront les monts, les vallées, les ruisseaux, les prairies et la forêt, afin que l'imagination soit séduite par la diversité des couleurs et des formes, et préférer un soleil radieux, car autrement le jeu de l'imagination sera alourdi par des représentations sombres.

Il faut du reste absolument alterner les promenades urbaines et campagnardes, et ne pas en privilégier une. Car si leur fond est commun (un jeu libre de l'imagination composant ses impressions), leur vertu est différente : marcher sur les allées publiques suppose une flânerie qui permet de faire, sur la diversité du genre humain et le comportement de nos semblables, de micro-découvertes qui sont un enchantement pour l'esprit ; marcher seul en compagnie des ruisseaux et des arbres va plutôt entraîner une rêverie, absolument éloignée des raideurs de l'introspection systématique, mais par là-même féconde : c'est comme si, doucement distraite par le spectacle des fleurs et des lignes d'horizon, l'âme s'oubliait un peu, et par là dévoilait à ses propres yeux certains de ses visages ordinairement masqués. Le secret de la promenade, c'est bien cette disponibilité de l'esprit, si rare dans nos existences affairées, polarisées, captives de nos propres entêtements. La disponibilité, c'est une synthèse rare d'abandon et d'activité, faisant tout le charme de l'esprit à la promenade. L'âme s'y trouve en effet disponible au monde des apparences. Elle n'a de comptes à rendre à personne, n'a aucun impératif de cohérence. Et dans ce jeu sans conséquences, il se peut que le monde se livre davantage au promeneur, tout au long de ses déambulations fantasques, qu'à l'observateur sérieux et systématique.

Toutes ces trouvailles et ces joies de la promenade ne peuvent se donner pourtant qu'à celui qui la pratiquera librement. Elles ne doivent jamais être recherchées pour elles-mêmes, comme si la promenade était une méthode. Elles s'offriront spontanément à celui qui, appelé par un soleil de printemps, laisse joyeusement en plan son travail, juste pour se donner à soi-même un peu de temps libre. Il faut sortir le cœur léger et par désir de laisser un moment en marge ses travaux et son destin. C'est seulement ainsi – si l'on n'attend aucun profit particulier de sa sortie, si on laisse définitivement derrière soi et dans tous ses tiroirs ses préoccupations et ses soucis – que la promenade deviendra ce moment esthétique gratuit, qui fait redécouvrir la légèreté de vivre, la douceur d'une âme librement accordée à elle-même et au monde.

Il s'agit bien, avec l'art de se promener, d'une technique récréative. Mais cette récréation peut bien être aussi une recréation. C'est particulièrement vrai en ville. Ordinairement, on parcourt les rues de manière tout à fait pratique, pour aller prendre le pain, chercher le métro, faire ses courses, passer voir un ami. Les rues ne sont alors que des couloirs. On marche tête baissée. On ne fait alors que de maigres reconnaissances, utiles. On ne regarde rien, on repère, on aperçoit tout juste ce qu'il faut d'efficace : la croix de pharmacie qui m'indique que je dois tourner à droite, la grande entrée brune qui me rappelle que la boulangerie est là au coin. La rue devient ainsi un tissu de faibles signes, clignotant, mais son spectacle s'est pour moi éteint.

Il faudrait se donner ce luxe, inouï et facile, de se promener dans son propre quartier, d'y marcher d'un pas incertain, hésitant, de décider de le parcourir pour rien, les yeux levés enfin, et lentement. C'est alors que le prodige survient. Et de seulement marcher, sans courir, sans se donner aucune mission précise, fait ressentir la ville telle un peu qu'elle est donnée à celui qui la voit pour la première fois. Comme on ne fait attention à rien en particulier, tout est offert à foison : les couleurs, les détails, les formes, les aspects. La promenade, de marcher solitairement et sans but, fait retrouver cette vision : je vois la couleur des volets ici et quelle tâche de couleur cela fait sur les murs, je vois les arabesques délicates de longues grilles noires, je vois la bizarrerie de maisons absolument allongées comme des girafes de pierre et d'autres aplaties, larges comme des tortues grasses, je vois la composition des vitrines, je vois, quand je marche au couchant, des façades bleu-gris et des fenêtres orange. J'effeuille ainsi longtemps les rues.

Jardins publics

Il y a bien une circonstance pourtant où la promenade s'abîme dans l'artifice mondain, plutôt que de révéler l'essence esthétique des rues ou des campagnes. Je veux parler ici des promenades galantes, raffinées, où l'on marche surtout pour se faire voir. Le symbole parisien en est incontestablement le jardin des Tuileries, dont Corneille écrivait qu'il était « le pays du beau monde et des galanteries » (*Le Menteur*). La Nature y est absolument domptée : haies de buis coupées au cordeau, allées rectilignes, arbres strictement taillés, fontaines artificielles, statues lascives. N'y pouvait pénétrer autrefois que la bonne société, l'entrée en étant interdite à la canaille et aux « laquais » qui en masse attendent en jurant à l'entrée que leur maîtresse ait fini de faire sa mignonne au milieu des soupirants – mais on laisse entrer les grisettes pour peu qu'elles soient bien mises, d'agréable visage ou bien accompagnées. L'été, on y reste jusqu'à tard le soir dans la lumière orange et les reflets violets, la douceur de la nuit qui vient à petits pas, et la poussière de ces milliers de pas. Les arbres portent tous une blessure de nom de femme gravé au couteau par des amants tristes.

> Allons aux Tuilleries,
> Entretenir tantost nos tristes resveries[1].

C'est donc un lieu rêvé pour les jeunes filles en fleur, les femmes mariées en quête d'aventures, ou les veuves à consoler. Car c'est pour la femme d'un ennui à crever que d'avoir sous son nez un seul homme : son mari. À quoi répond l'invention des jardins comme le remarque Charles Sorel dans son *Polyandre* :

> La pluspart des femmes d'esprit aymoient tant le Cours et la promenade de Luxembourg ou des Tuilleries, estans bien aises de voir là tous les jours des hommes nouveaux.

---

1. *La Comédie des Tuileries.*

Le mauvais goût absolu, c'est de s'y rendre en couple, mari et femme.

On marche doucement dans les allées principales des jardins, et parfois on s'arrête (ou plutôt, on prend la pose), mais ce n'est pas là résistance politique à la vitesse. C'est surtout que la lenteur seule permet de dévisager à son aise et de laisser voir aux autres ses atours et ses charmes, laisser entendre combien on a d'esprit. Il faut avoir soigné méticuleusement son apparence (comme on sait que rien ne sera pardonné, on ne laisse rien passer : « Les visages y sont des chefs-d'œuvre de l'art / Où nature souvent n'a pas la moindre part »[1]), avoir choisi sa compagnie (pour éviter les fâcheux qui détourneraient d'éventuels galants), et l'on s'élance : c'est le triomphe de la Parisienne. Pourquoi se promènent-elles ? La Bruyère croit savoir : « pour montrer une belle étoffe et pour recueillir le fruit de leur toilette ». Les belles personnes soulèvent sur leurs pas des murmures de ravissement. Mais il ne s'agit en fait pas vraiment de marcher, plutôt trouver un pas sophistiqué, un balancement étudié. Comme le conseille une servante s'adressant à sa maîtresse :

---

[1]. *Arlequin aux Tuileries*.

Il faut, comme toutes les belles, ne pas hazarder ici une démarche naturelle. Estes-vous avec moy dans la Grande Allée, par exemple : il faut me parler sans rien dire pour sembler spirituelle, rire sans sujet pour paraistre enjouée, se redresser à tout moment pour étaler sa gorge, ouvrir les yeux pour les agrandir, se mordre les lèvres pour les rougir[1].

On distingue donc la Grande Allée d'abord, qui est comme la scène principale où l'on se presse pour se voir et être vu, juger et être jugé :

C'est la carrière du beau monde.
C'est là qu'avec grand appareil,
Au petit couché du soleil,
Viennent se mettre en montre et la brune et la
[blonde
C'est là qu'on met à l'étalage
Dentelle, étoffes et rubans.
C'est là que tous les ambulans
Viennent mettre à l'encan leur taille et leur visage.
C'est là que l'on se donne un public rendez-vous,
Que tous les objets se trouvent
Et que tous ils se désapprouvent
Parce qu'ils se ressemblent tous[2].

---

1. *Les Promenades de Paris.*
2. *Ibid.*

Mais il est d'autres petites scènes, des allées transversales qui ont chacune leur spécialité : côté Est, on trouve une série de bancs « pour médire à son aise » (c'est l'allée des censeurs et des râleurs), d'autres allées plus ombragées sont réputées pour les rendez-vous secrets, enfin quelques autres douces et tristes accueillent les mélancoliques.

La démultiplication des scènes fait des Tuileries une comédie où chacun est acteur et spectateur. On y voit, comme au théâtre, tous les types : la coquette folle de sa toilette, le galant ridicule, le magistrat affecté et arrogant, l'officier qui parade, le petit maître [1], le bourgeois, le jeune fat, l'ancien séminariste, le « nouvelliste » qui propage les rumeurs, auprès duquel chacun s'informe du dernier mensonge [2], et puis quelques ivrognes bien sûr. Il demeure que chacun s'y tient le plus droit possible, étale ses richesses, maigres ou fastueuses, et guette du coin de l'œil l'effet qu'il produit sur l'autre. On se met de faux mollets, on se fait de faux visages, on étale ses diamants, on parle haut.

---

1. « J'appelle un petit-maistre un grand diseur de rien, un fond de pauvreté et de minauderies », *Satyre nouvelle sur les promenades du Cours de la Reine, des Thuilleries et de la Porte Saint-Bernard.*

2. Bruyère en fait un bon portrait : « C'est un homme né pour les allées et venues. Il sait les bruits communs, les historiettes de la ville ; il ne fait rien, il dit ou il écoute ce que les autres font. »

Dans ce manège permanent, on se cherche, on s'ignore, on s'évalue, on s'épuise à avoir l'air (heureux ou malheureux : mais il faut avoir l'air). Au-delà des différences, comme disait le poème, « ils se ressemblent tous ». C'est-à-dire, encore une fois, qu'ils sont tous à se faire les politesses les plus marquées et à se mépriser secrètement, à se moquer réciproquement :

> Un magot qui voit de travers
> Vous tourne en ridicule un borgne.
> Un asne rit d'un sot, un cocu d'un bâtard,
> Chaque femme de sa compagne[1]

Et dans ce concert de railleries murmurées, des intrigues se nouent : on se donne rendez-vous, on feint de se trouver, on suit des inconnues, on lie conversation, les femmes perdent leur gant, le jeune homme accourt et s'agenouille. C'est « l'heure des Thuilleries ».

---

1. *Les Promenades de Paris.*

Le flâneur des villes

Walter Benjamin a rendu célèbre, par ses études parisiennes, le personnage du flâneur, bien éloigné du promeneur galant des Tuileries. Il l'a analysé, décrit, capté en relisant Baudelaire : son *Spleen de Paris*, ses « Tableaux parisiens » dans *Les Fleurs du mal*, ses peintures de la *Vie moderne*. Flâner suppose trois éléments, ou la superposition de trois conditions : la ville, la foule, le capitalisme.

L'expérience du flâneur est bien celle de la marche, mais on est loin de Nietzsche ou de Thoreau. Du reste, marcher en ville constitue une souffrance pour l'amoureux des longues marches naturelles, parce que supposant, comme on verra, un rythme heurté, irrégulier. Il demeure que le flâneur *marche*, à la différence du simple badaud, qui s'arrête perpétuellement et s'immobilise devant l'attraction, ou demeure fasciné par la proposition des devantures. Le flâneur marche, il glisse même au milieu de la foule.

La flânerie suppose ces concentrations urbaines qui se développent au XIXᵉ siècle, des concentrations telles qu'on peut marcher des heures durant sans voir un morceau de campagne. En marchant ainsi dans ces nouvelles mégapoles (Berlin, Londres, Paris), on traverse plusieurs quartiers, qui constituent des mondes différents, à part, séparés. Tout peut changer d'un arrondissement à l'autre : la taille des maisons, l'architecture générale, l'ambiance, l'air qu'on respire, la manière de vivre, la lumière, les types sociaux. Le flâneur suppose ce moment où la ville a pris des proportions telles qu'elle devient un paysage. On peut la parcourir comme on ferait d'une montagne, avec ses passages de col, ses renversements de perspectives, ses dangers aussi et ses surprises. Elle est devenue une forêt, une jungle.

Le deuxième élément propre à l'épanouissement du flâneur est la foule. Le flâneur marche dans, à travers la foule. Cette foule au milieu de laquelle il évolue, ce sont déjà les *masses* : laborieuses, anonymes, affairées. Dans les grandes villes industrielles, ces gens qui rentrent du travail ou bien s'y rendent, vont à des rendez-vous d'affaires, se pressent pour livrer un colis ou parvenir à un rendez-vous, ils sont les représentants de la civilisation nouvelle. Cette foule est *hostile*, hostile à chacun de ceux qui la composent. Chacun veut aller vite et l'autre devient un obstacle sur son chemin. La foule transforme immédiatement l'autre en concurrent. Ce n'est pas la foule en marche, celle des manifestations, des grèves, des revendications unitaires, la foule épique, le bloc formidable d'énergie. Chacun s'y découvre au contraire des intérêts contradictoires, au niveau le plus concret de son déplacement. On n'y rencontre personne. Des visages inconnus, la plupart du temps fermés, et que, statistiquement, on a peu de chances de connaître. L'expérience commune, dans les siècles qui avaient précédé, c'était la surprise d'un *étranger* dans la ville : un visage inconnu. D'où vient-il, que vient-il faire là ? Mais aujourd'hui, l'anonymat est la règle. Le choc, c'est de reconnaître. Dans la foule, les codes élémentaires de la rencontre disparaissent absolument. Impossible de dire bonjour, s'arrêter, échanger trois mots sur le temps qu'il fait.

Troisième élément : le capitalisme, ou plus précisément, pour Walter Benjamin, le règne de la marchandise. Le capitalisme va désigner ce moment où la marchandise étend son mode d'être bien au-delà des produits d'industrie : à l'œuvre d'art et aux personnes. Marchandisation du monde : tout devient objet de consommation, tout se vend et s'achète, s'offre sur le grand marché de la demande indéfinie. Règne de la prostitution généralisée : il s'agit de vendre et de se vendre.

Le flâneur est *subversif*. Il subvertit la foule, la marchandise et la ville, ainsi que leurs valeurs. Le marcheur des grands espaces, le randonneur avec son sac sur le dos oppose à la civilisation l'éclat d'une rupture, le tranchant d'une négation (Jack Kerouac, Gary Snyder…). L'acte de marcher du flâneur est plus ambigu, sa résistance à la modernité ambivalente. La subversion, ce n'est pas de s'opposer, mais de contourner, détourner, exagérer jusqu'à altérer, accepter jusqu'à dépasser.

Le flâneur subvertit la solitude, la vitesse, l'affairisme et la consommation.

Subversion de la solitude. On a beaucoup décrit l'effet d'esseulement des foules. Succession indéfinie de visages étrangers, épaisseur d'indifférence où la solitude morale s'approfondit. Chacun se sent étranger à l'autre, et la démultiplication de ce sentiment produit une hostilité épaisse, qui fait de chacun la proie de tout le monde. Le flâneur recherche cet anonymat, car il *s'y cache*. Il se fond bien dans la masse mécanique, mais depuis un mouvement volontaire, pour s'y dissimuler. Dès lors, l'anonymat ne lui est pas une contrainte qui l'écrase, mais une occasion de jouissance : il se sent d'autant plus lui-même, depuis sa réserve intérieure. Et puisqu'il se cache, il ne sentira pas l'anonymat comme une contrainte, mais comme une chance. À l'intérieur de la solitude morne, épaisse de la foule, il creuse celle de l'observateur et du poète : *personne ne voit qu'il regarde !* Il est comme un repli de la masse. Le flâneur est décalé, d'un décalage décisif qui, sans l'exclure ni le mettre à distance, le distrait de la masse anonyme, et le singularise *pour lui-même*.

Subversion de la vitesse. Dans la foule chacun est *pressé*, au double sens : il veut aller vite et il est empêché. Le flâneur, lui, n'a pas à se rendre ici ou là. Alors il s'arrête aux éclats de lumière, il est retenu par les visages, il ralentit aux intersections. Mais résistant à la vitesse de l'affairisme, sa lenteur devient la condition d'une agilité supérieure : celle de l'esprit. Car il saisit, au vol, des images. Le passant dépêché conjugue l'allure rapide du corps avec l'abrutissement de l'esprit. Il ne veut qu'aller vite et son esprit tourne à vide, occupé simplement à calculer des interstices. Le flâneur ralentit son corps, mais ses yeux virevoltent et son esprit est saisi par milles choses à la fois.

Subversion de l'affairisme. Le flâneur absolument résiste au productivisme ambiant, à l'utilitarisme qui le cerne. Il est parfaitement inutile et son oisiveté le condamne à la marge. Mais pour autant il ne demeure jamais absolument passif. Il ne fait rien, mais il traque toute chose, il observe, son esprit est sans cesse en éveil. Et il ne cesse de créer, en prenant au vol les chocs et les rencontres, des images poétiques. Et s'il n'y avait pas un flâneur, chacun suivrait sa propre voie, produirait sa série propre de phénomènes, sans que personne ne puisse attester de ce qui survient aux carrefours. Le flâneur perçoit les étincelles, les frottements, les rencontres.

Subversion de la consommation. La foule, c'est de faire l'expérience d'un devenir-marchandise. Ballotté, entraîné par elle, je me réduis à n'être qu'un produit offert à des mouvements anonymes. Je m'offre, je m'abandonne à la circulation. Dans la foule, je me fais l'effet toujours d'être consommé : par les mouvements qui contraignent mon corps, les transports qui me happent. Je suis consommé par les rues, par les boulevards. Les enseignes et les vitrines n'existent que pour intensifier la circulation, l'échange des marchandises. Le flâneur ni ne consomme ni n'est consommé. Il pratique le glanage ou même le vol. Il ne reçoit pas, comme le marcheur des plaines ou des montagnes, le paysage en don de ses efforts. Mais il capte, il prend au vol des rencontres improbables, des instants furtifs, des coïncidences fugitives. Il ne consomme pas, mais ne cesse pourtant d'attraper des vignettes, de faire retomber sur lui une pluie fine d'images volées, à l'instant improbable des rencontres.

Cette créativité poétique du flâneur demeure cependant ambiguë : elle est, comme disait Walter Benjamin, une « fantasmagorie ». Elle dépasse l'atrocité des villes pour en ressaisir les merveilles passagères, elle explore la poésie des chocs, mais sans s'arrêter pour dénoncer l'aliénation du travail et des masses. Le flâneur a mieux à faire : remythologiser la ville, inventer de nouvelles divinités, explorer la superficie poétique du spectacle urbain.

Les postérités de la flânerie baudelairienne sont nombreuses. On trouvera l'errance surréaliste qui enrichira l'art de flâner de deux dimensions nouvelles : le hasard et la nuit (Aragon aux

Buttes-Chaumont dans *Le Paysan de Paris*, Breton en quête hallucinée de l'amour dans *Nadja*). On trouvera encore la dérive situationniste théorisée par Guy Debord : exploration sensitive des différences (se laisser transformer par des ambiances). La question se pose de savoir si, à l'époque actuelle, l'uniformisation des enseignes (les « chaînes » comme on dit sans ironie : maillons à l'identique, qui se referment sur vous) et l'envahissement agressif des voitures n'ont pas rendu la flânerie plus difficile, moins agréable et surprenante. On crée bien des espaces de flânerie obligée, mais suspendus à l'injonction d'acheter.

Le grand marcheur romantique, l'éternel *Wanderer*, communiait avec l'Être. La marche était une grande cérémonie d'union mystique, le marcheur se rendant présent à la Présence, se lovant dans le sein pur d'une Nature maternelle. Chez Rousseau, chez Wordsworth, on trouve cette célébration de la marche comme attestation de la présence et fusion mystique. Et ce que retient le vers balancé de Wordsworth ou la prose musicale de Rousseau, c'est bien la profondeur de cette respiration, la douceur du rythme.

Le flâneur des villes ne se rend pas présent à une plénitude d'Être, mais seulement disponible à des chocs visuels dispersés. Le marcheur s'accomplit dans l'abîme d'une fusion, le flâneur dans l'explosion d'une dispersion indéfinie d'éclats.

Gravité

J'oublie ces courts moments de grâce, parfois même dus à une immense fatigue, instants brefs d'extase où le corps, dans la marche, avance sans se sentir, presque une feuille morte emportée. Surtout quand on a marché très longtemps et que la fatigue est immense, on cesse brusquement de sentir. Alors, pour peu que le sentier soit à peu près bien dessiné et pas trop escarpé, on ne regarde plus le chemin, on ne pense plus à rien, et les pieds prennent la relève de la conscience pour choisir les bons appuis, éviter les obstacles. De notre côté, il n'y a plus qu'un immense renoncement. On finit la marche dans une espèce de rêve, et le pas gagne alors en certitude et en vitesse. Dès lors qu'on accepte de ne plus réfléchir. Alors, c'est à peine de la légèreté puisqu'on ne ressent plus rien : les jambes sont aspirées par le chemin et l'esprit *flotte au-dessus*. Quand cette fois on court suffisamment longtemps, il arrive qu'on éprouve aussi une impression immense de légèreté, comme emporté par sa propre course. Après un moment, parfois long, de « mise en jambes », enfin le corps tout entier rencontre sa respiration et les pieds trouvent, par la route, un *appel* pour rebondir. Et c'est comme un envol répété, régulier. L'expérience, en courant, de la légèreté demeure absolument distincte de ce que la marche peut, à de très rares moments, produire comme ce sentiment de flottement évoqué. Ce n'est pas l'ivresse, comme dans la course, de sentir la tension parfaite des muscles, mais plutôt un détachement de l'esprit produit par la lassitude, une anesthésie progressive. La légèreté de la course, c'est bien cette victoire sans fatigue contre la pesanteur, l'affirmation facile et souveraine du corps. Le flottement de la marche, c'est quand les pieds à la fin tiennent tellement aux chemins qu'ils ne font qu'un avec lui, et l'esprit, par lassitude, *oublie* d'être l'écho de leur fatigue.

Il demeure que, dans sa plus grande généralité, l'expérience de la marche, c'est toujours un sentiment de gravité. Je ne veux pas dire exactement un corps lourd, pesant. Même si. Même si parfois vraiment, quand il reste encore plusieurs heures avant l'étape, et que le sentier monte, que la masse de son corps se fait à chaque pas ressentir, vraiment sur les genoux on trouve un sentiment d'enclume. Mais je voudrais exprimer plutôt ce qui traverse ces immenses journées à découvert : à chaque pas, l'attachement, le pied sans cesse qui retombe ; à chaque instant, cet appui, le perpétuel enfoncement pour se resoulever. Il faut s'enraciner chaque fois, pour repartir. Le pied, c'est ainsi qu'il s'enracine : par cet enlacement à la terre répété. Chaque pas forme un nœud de plus. Pas de moyen d'être davantage terrien qu'en marchant : la monotonie démesurée du sol.

Je pense aux sédentaires abstraits qui passent leur existence dans un bureau, à pianoter. Des tapotements de doigt sur un clavier : connectés, comme ils disent. À quoi ? À des informations variant de seconde en seconde, à des flux d'images et de chiffres, à des tableaux et des grilles. Après le travail, c'est le métro, le train, la vitesse toujours, le regard cloué cette fois sur l'écran du téléphone, et encore des effleurements de touches et défilent des messages, des images. Le soir tombe, alors qu'on n'a pas vu le jour. Télévision : un écran de plus. Dans quelle dimension vivent-ils alors, sans poussière soulevée, sans contact, dans quel espace sans relief, quel temps où la pluie ni le soleil ne comptent ? Ces vies, déliées des chemins et des routes, font oublier notre condition : rien de l'usure des saisons et du temps ne semble exister.

Un sage taoïste disait : « Les pieds sur le sol occupent très peu d'espace ; c'est par tout l'espace qu'ils n'occupent pas qu'on peut marcher. » Ce qui veut dire d'abord qu'on ne tient pas *en place*. Regardez un homme debout qui attend, immobile, mal planté : il trépigne, il piétine, vite ressent des picotements. Il ne sait que faire de ses bras, les balance faiblement ou les tient serrés contre lui. C'est en équilibre instable. Qu'il se mette à marcher, et c'est aussitôt retrouvé : la nature se déplie, se réalise, le ressort de l'être se détend, le rythme recommence. Le pied trouve son bon équilibre.

Tchouang-tseu[1] voulait encore dire que les pieds comme tels sont de petits morceaux d'espace, mais leur vocation (« marcher ») c'est d'articuler l'espace du monde. La dimension du pied, l'écartement des jambes, n'ont pas de place, jamais rangés nulle part. Mais ils mesurent tout le reste. Nos pieds forment ce compas qui n'a aucune

---

1. *Les Œuvres de Maître Tchouang*, trad. J. Levi, Paris, Encyclopédie des Nuisances, 2006.

place à occuper, mais seulement à évaluer l'ampleur. Les jambes arpentent. Leur écartement constitue une bonne mesure.

Enfin, dire que c'est par ce qui me reste à parcourir que je peux marcher, c'est évidemment se référer au vide taoïste : ce vide, qui n'est pas néant creux, mais pure virtualité, vide créateur de l'inspiration et du *jeu*, comme ce jeu entre les lettres, entre les sons, qui fait la vie de la parole. Marcher ainsi *articule* la profondeur de l'espace et fait *vivre* le paysage.

Pour finir, je remarque que dans beaucoup d'activités, de sports, la joie provient de la transgression de la pesanteur, de la victoire sur elle : par la vitesse, l'élévation, l'élan, l'invitation au dépassement vertical. Mais marcher au contraire, c'est expérimenter à chaque pas la pesanteur, l'aimantation inexorable de la terre. Le passage de la course au repos est une violence. On se tient les côtes, très vite les gouttes de sueur inondent, le visage cuit. On s'arrête parce que le corps craque, la respiration ne suit plus. Quand on marche au contraire, s'arrêter, c'est comme un accomplissement naturel : on s'arrête pour accueillir une nouvelle perspective, pour respirer le paysage. Et puis on repart, cela ne fait pas rupture. Il y a comme une continuité entre la marche et le repos, parce qu'il ne s'agit pas de transgresser la gravité, mais de l'accomplir.

Ainsi la marche nous rappelle sans cesse notre finitude : corps lourd de besoins frustes, cloué au sol définitif. Marcher, ce n'est pas s'élever, ce n'est pas tromper la pesanteur, ce n'est pas s'illusionner, par la vitesse ou l'élévation, sur sa condition mortelle, mais plutôt l'effectuer par cette exposition à la solidité du sol, à la fragilité du corps, à ce mouvement lent d'enfoncement. Marcher, c'est exactement se résigner à être ce corps qui marche, incliné. Mais l'étonnant est que cette résignation lente, cette immense lassitude nous donnent la joie d'être. De n'être que cela certes, mais absolument accordé. Notre corps de plomb à chaque pas retombe sur la terre, comme pour y reprendre racine. La marche est une invitation à mourir debout.

Élémentaire

Quand on part marcher davantage que quelques jours, plus d'une semaine, en faisant son sac, une même question toujours revient : est-ce vraiment nécessaire ? Question de poids, bien sûr. Parce que si on a pu décliner, à son propos, les figures du bien-être, la marche peut, si on est trop chargé, virer au cauchemar. Alors l'interrogation, la même : est-ce bien nécessaire ? Car il faut au maximum *réduire*. Pharmacie, toilette, vêtements, nourriture, matériel de couchage, c'est toujours la même obsession : enlever le superflu, supprimer l'inutile. Juste garder de quoi marcher, de quoi vivre. De quoi a-t-on besoin quand on marche ? De quoi se protéger du froid et de la faim. Rien de ce qu'on emmène ordinairement pour *tuer le temps* en voyage ne sert ici.

Thoreau écrivait : « On ne peut pas tuer le temps sans aussitôt blesser l'éternité. » On ne marche pas pour tuer le temps, mais l'accueillir, l'effeuiller au fil des pas, secondes, pétales. Tout ce qui permet de tuer le temps, tromper l'ennui, divertir le corps et l'esprit, travailler, remplir les jours, faire croire, est décidément trop lourd. En faisant le tri entre ce qu'on emmène et ce qu'on laisse, aucune préoccupation d'effet, aucune considération d'apparence, ni même de confort ou de style, aucun calcul social ne doivent intervenir. Seul compte un certain rapport strict entre le poids et l'efficacité. On n'a besoin en marchant que du nécessaire. Marcher, c'est vivre d'une existence décapée (le vernis social a fondu), délestée, débarrassée des adresses sociales, purgée du futile et des masques.

Le nécessaire, c'est un niveau au-dessous de l'utile. L'utile, c'est ce qui intensifie une puissance d'agir, augmente une production d'effets, accroît une compétence. L'inutile, le superflu, c'est tout ce qui demeure concédé à l'appréciation des autres ou à sa propre vanité.

Juste en-dessous de l'utile, il y a le nécessaire [1]. Il est l'irremplaçable, l'incontournable, le non-

---

1. La distinction, ici, entre le nécessaire et l'élémentaire, ne recoupe pas celle qui était faite à propos des Cyniques. Pour les

substituable. Son absence se paye aussitôt par un blocage, un arrêt, la souffrance. Des chaussures solides, des vêtements de protection ou de rechange, des provisions, de la pharmacie, des cartes géographiques... Pour le simplement utile, on trouve toujours des équivalents naturels : branches (pieux, bâtons, cannes), herbes (serviettes, coussins).

Un dernier niveau, c'est celui de l'élémentaire. C'est presque un renversement. Je me souviens ainsi, au pied d'une montagne, dans les Cévennes. Il restait encore pour le sommet six à sept heures de marche. Le temps était au beau fixe et les nuits encore chaudes. Et là, la décision : le sac planté dans un creux d'arbre. Plus rien, sur les épaules ni dans les poches. Deux jours ainsi, sans rien. Cette impression d'abord de légèreté immense, délesté même du nécessaire. Sans même le minimum. Rien. Il n'y avait plus rien désormais entre moi et le ciel, moi et la terre (l'eau fraîche prise au ruisseau, au creux des mains

---

Cyniques, il s'agissait de faire jouer séparément ces deux notions et de montrer surtout comment chacune faisait exploser des dualités classiques (l'apparence et l'essence, l'utile et le futile). Il s'agit cette fois de penser l'élémentaire comme le dépassement du nécessaire et de l'utile.

jointes ; framboises et myrtilles ; douceur de la terre pour dormir).

L'élémentaire se révèle comme plénitude de la présence. Le nécessaire se distingue encore de l'utile. L'élémentaire ne s'oppose plus : il est tout pour celui qui n'a rien. L'élémentaire, c'est la couche première, archaïque, dont on ne peut que très peu éprouver la consistance, car elle ne se donne dans sa pureté qu'à celui qui s'est, à un moment, débarrassé du nécessaire. La marche, parfois, par instants, le fait sentir. Autrement, pour l'atteindre, il faut une conversion brutale, dangereuse, extrême.

Et il faudrait faire encore ici la différence entre l'assurance et la confiance. L'assurance nous est donnée parce qu'on sait qu'on dispose du *nécessaire pour faire face* : faire face aux intempéries, aux sentiers multiples, à l'absence de source, à la fraîcheur des nuits. On sent alors qu'on peut compter sur son matériel, son expérience, ses capacités d'anticipation. C'est l'assurance de l'homme technique, qui maîtrise les situations. Avisé, responsable.

Marcher, sans même le nécessaire, c'est *s'abandonner* aux éléments. Désormais, plus rien ne compte, plus de calculs, plus d'assurance en soi. Mais une confiance pleine, entière dans la générosité du monde. Les pierres, le ciel, la terre, les arbres : tout devient pour nous auxiliaire, don, secours inépuisable. En s'y abandonnant, on gagne une confiance inconnue, qui comble le cœur, parce qu'elle fait dépendre absolument d'un Autre et nous ôte jusqu'au souci de notre conservation. L'élémentaire, c'est ce à quoi on s'abandonne, et qui nous est donné absolument. Mais pour en éprouver la consistance, il faut prendre le risque, le risque de dépasser le nécessaire.

Mystique et politique
(Gandhi)

> « Nous n'allons pas faire demi-tour. »
> Gandhi, 10 mars 1930

Au mois de décembre 1920, Gandhi annonce l'indépendance de l'Inde « pour l'année prochaine », si tous suivent la voie qu'il a tracée pour se libérer de la tutelle britannique : une non-coopération devant s'étendre peu à peu à tous les secteurs d'activité, une désobéissance civile par paliers progressifs, la recherche d'une autarcie économique toujours plus importante, et le refus surtout de répondre par la violence à toutes les répressions qui, inévitablement, devaient accompagner cette campagne de sédition. Gandhi, après cette prédiction, parcourt l'Inde de long en large, prône le tissage traditionnel du coton et organise des feux de joie pour brûler les étoffes importées.

Mais les Anglais tiennent bon, et l'annonce imprudente de la « Grande Âme » (Mahatma) a pour effet principal de déclencher une vague immense d'arrestations. La désobéissance civile avait pourtant bien commencé, et ici et là on suivait les consignes : organiser des piquets de grève devant les débits d'alcool, ne plus acheter de tissus importés, ne pas répondre aux convocations des tribunaux. Mais des violences finissent par éclater et, après une confrontation aux forces de l'ordre ayant entraîné la mort de manifestants, des paysans en colère mettent le feu à une caserne où une vingtaine de policiers retranchés sont brûlés vifs. Gandhi réagit comme il l'avait fait déjà en 1919, après le massacre d'Amritsar : il stoppe une nouvelle fois le mouvement de désobéissance et décide de jeûner – ce geste qu'il aura répété tant de fois dans sa vie –, prenant sur lui la responsabilité des morts et faisant en même temps éclater la culpabilité des violents.

Une décennie plus tard (entretemps il aura connu la prison, repris ses longues pérégrinations en Inde pour combattre l'exclusion des Intouchables, défendre le droit des femmes, populariser partout des mesures élémentaires d'hygiène),

Gandhi, en janvier 1930, décide à nouveau de défier l'Empire et lance une nouvelle campagne de non-coopération. Mais il ignore comment cette fois s'y prendre, comment commencer, comment manifester avec le plus de publicité un refus calme et massif d'obéir. Au grand poète Rabindranath Tagore qui lui rend visite le 18 janvier, il avoue : « Je ne vois nulle lumière dans les ténèbres qui m'environnent. »

Sa « petite voix », comme il l'appelait, bientôt enfin lui parle : Tu marcheras, tu marcheras jusqu'à la mer, et là tu ramasseras du sel. Gandhi a décidé un nouveau *satyagraha*[1] : la marche du sel. L'intuition est double : dénoncer la taxe sur le sel, comme prélude à une contestation plus radicale, et organiser une mise en scène de cette condamnation sous la forme d'une marche immense. Les Anglais détenaient en effet le monopole de la récolte du sel. Nul n'avait le droit d'en faire commerce, pas même de l'extraire pour son usage propre. On procédait même à des destructions quand le sel naturel se trouvait à

---

1. Comme on verra plus bas, cette expression, qu'on peut traduire par « force de la vérité », désigne une action collective entreprise dans la détermination et en refusant par avance toute violence.

proximité de populations qui auraient pu l'emporter pour leur usage personnel. Le sel : un don gratuit de la mer, un aliment humble et très nécessaire. L'injustice de cette taxe était immédiatement sensible, et il suffisait de l'énoncer pour en dénoncer le scandale. Le deuxième coup de génie fut l'organisation d'une lente marche pour atteindre les côtes – marcher depuis l'*ashram*[1] de Sabarmati jusqu'aux marais salins de Dandi, au bord de la mer, à proximité de Jalapour.

Les valeurs spirituelles et politiques de la marche, Gandhi les avait éprouvées depuis longtemps. Tout jeune homme, quand il était à Londres, il marchait déjà régulièrement, sept à quinze kilomètres pratiquement tous les jours, pour se rendre à ses cours de droit ou pour trouver un restaurant végétarien. Et ces marches étaient pour lui l'occasion de raffermir le triple vœu qu'il avait fait à sa mère en quittant l'Inde (ni femme, ni alcool, ni viande), d'en éprouver la consistance et de se féliciter de bien tenir. Gandhi a toujours accordé une grande importance aux

---

[1]. Ce terme désigne des structures communautaires, organisées autour de règles et de principes fidèles à sa pensée, que Gandhi a pu fonder et dans lesquelles il travaillait et formait des disciples.

vœux qu'on fait aux autres et à soi-même, à ces engagements solennels par lesquels on s'interdit désormais telle ou telle pratique, tel ou tel comportement. Il ne les concevait que définitifs. Et il a toujours cultivé en lui la discipline et la maîtrise. La marche permet ce rapport décidé à soi qui n'est pas de l'ordre de l'introspection indéfinie (cette dernière préfère la position allongée sur un divan), mais de l'examen méticuleux. En marchant, on fait ses comptes avec soi-même : on se corrige, on s'interpelle, on s'évalue. Plus tard, quand il exercera son métier d'avocat en Afrique du Sud, Gandhi continuera à marcher, se rendant régulièrement à pied par exemple de la ferme Tolstoï à Johannesburg (trente-quatre kilomètres). Mais dans les luttes qu'il mène au Natal, il expérimente encore une dimension politique de la marche. En défendant les droits des Indiens d'Afrique du Sud, soumis à des mesures vexatoires ou à des taxes abusives, il organise en 1913, plutôt que de simples manifestations pour occuper l'espace public, un certain nombre de marches sur plusieurs jours. L'idée est de protester sans violence, et en trouvant le moyen de se faire arrêter. Gandhi décide d'organiser des marches qui conduiraient d'une province à une autre (du Natal au Transvaal), mais sans se munir du certificat obligatoire de passage, afin de mettre en scène une désobéissance massive, visible, collective et tranquille. C'est ainsi que Gandhi, le 13 octobre 1913, prend la tête d'une immense foule en marche. Ils sont plus de deux mille, marchent pieds nus, se nourrissant d'un peu de pain et de sucre. La marche dure une semaine. Gandhi est bientôt arrêté, et cinquante mille Indiens aussitôt déclarent la grève. Le général Smuts se voit contraint à négocier et signe avec Gandhi une série d'accords en faveur des communautés indiennes.

En février 1930, Gandhi a maintenant soixante ans et forme le projet de la marche du sel. C'est une construction dramatique, une épopée collective. Gandhi rassemble autour de lui un noyau de militants sûrs : des *satyagrahis* qu'il a lui-même formés, dont il connaît la discipline intérieure et l'aptitude au sacrifice. Soixante-dix huit militants sont retenus pour l'expédition. Le plus jeune a seize ans. Le 11 mars, prenant la parole devant des milliers de personnes après la prière du soir, Gandhi exige de tous, s'il vient à être arrêté lui-même, de poursuivre sans lui, dans le calme et la paix, le mouvement de désobéissance. Il part le lendemain, à six heures et demie du matin, son long bâton de marche à la main (un grand bambou ferré), entouré de fidèles vêtus comme lui d'une cotonnade blanche filée à la main. Ils sont un peu moins de quatre-vingts à partir. Ils arriveront plusieurs milliers au bord de la mer, quarante-quatre jours plus tard.

Un rythme au fil des jours s'instaure : lever à six heures du matin pour la prière, la méditation et les chants. Puis, après une toilette et une collation, la procession se met en marche. Les villages qu'ils traversent prennent un air de fête : on arrose les chemins, on les couvre de feuilles et de fleurs pour soulager les pieds des marcheurs. À chaque fois Gandhi s'arrête, prend calmement la parole et engage chacun à cesser toute coopération active avec l'Empire : ne plus acheter de produits importés, démissionner de son poste si l'on est chef local et représentant de l'Empire. Et surtout : ne pas répondre aux provocations, accepter d'avance les coups qui vont pleuvoir, se laisser arrêter sans opposer de résistance. C'est un succès immense. Des correspondants étrangers suivent quotidiennement la marche et la répercutent dans le monde entier. Le vice-roi des Indes peine à trouver une réplique. L'organisation de la journée est immuable : prier le matin, marcher le jour, filer le coton le soir, écrire la nuit des articles pour son journal. Le 5 avril, après plus d'un mois et demi de marche, il parvient enfin à Dandi, au bord de la mer, et passe avec ses disciples la nuit à prier. Au matin, à huit heures trente, il se dirige vers l'océan, s'y baigne, revient sur la plage et accomplit solennellement devant des milliers de personnes rassemblées le geste interdit : il se baisse lentement et ramasse un morceau de sel, tandis que la poétesse Sarojini Naidu s'écrie : « Salut, libérateur ! »

Dans l'idée et l'accomplissement de cette marche immense, plusieurs dimensions spirituelles se font sentir, toutes liées aux convictions gandhiennes.

Il y a d'abord, dans la lenteur de la marche, un rejet de la vitesse. Par là s'exprime la méfiance du Mahatma envers la machine, la consommation accélérée, le productivisme aveugle. Dans un texte datant de novembre 1909 (*Hind Swaraj*), rédigé sur le bateau qui le ramène de Londres en Afrique du Sud, Gandhi s'en prend à la civilisation moderne. Outre la défense d'une voie non-violente, le texte se présente comme une défense de la tradition, une apologie de la lenteur. Pour Gandhi, la véritable opposition ne se trouve pas entre l'Occident et l'Orient, mais plutôt entre une civilisation de la vitesse, de la machine, de l'accumulation de puissances, et une autre de la transmission, de la prière et du travail manuel. Ce qui ne signifie pas, pour autant, l'alternative entre l'inertie de la tradition et le dynamisme des conquêtes, mais plutôt entre deux énergies : l'énergie de l'immémorial et celle du changement. Le choix pour Gandhi n'est pas entre un immobilisme conservateur et une audace aventureuse, mais entre la force calme et l'agitation perpétuelle, entre la lumière sourde et l'éclat aveuglant.

Cette énergie tranquille, Gandhi aime à la penser maternelle, féminine. Pendant des siècles, dans les sociétés traditionnelles, la marche lente fut le propre des femmes : elles se rendaient jusqu'aux sources lointaines puiser de l'eau, ou partaient sur les chemins recueillir des plantes et des herbes. Les hommes privilégiaient les dissipations brutales de force, propres à la chasse : assauts brusques, courses courtes et rapides. Marcher pour Gandhi, c'est privilégier les énergies lentes de l'endurance. Avec la marche, on se trouve bien éloignés de l'action d'éclat, du haut fait, de l'exploit. Elle s'accomplit dans cette humilité qu'aimait Gandhi : rappel de notre gravité, de notre faiblesse. Marcher, c'est la condition du pauvre. L'humilité, pourtant, ce n'est pas exactement la misère. C'est la reconnaissance tranquille de notre finitude : nous ne savons pas tout, nous ne pouvons pas tout. Ce que nous savons n'est rien au regard de la Vérité, ce que nous pouvons n'est rien au regard de la Force. Et cette reconnaissance nous donne notre vraie place, elle nous situe. Dans la marche, loin de tout appareil, de toute machine, de toute médiation, je rejoue la condition terrienne de l'homme, j'incarne à nouveau sa pauvreté native, essentielle. C'est pourquoi l'humilité n'est pas humiliante : elle ne fait déchoir que de prétentions vaines, et nous ferait plutôt accéder à notre authenticité. Aussi demeure-t-il quelque chose de fier dans la marche : nous sommes debout. L'humilité manifeste pour Gandhi notre dignité d'hommes.

La marche participe encore d'une simplification qu'il aura recherchée toute sa vie, empruntant les voies de la non-possession (*aparigraha*). Du gentleman parfait au « fakir demi-nu » que moquait Churchill, Gandhi poursuivra cette quête du dénuement à tous les niveaux d'existence : vêtement, logis, nourriture, transport. Lui qui, à Londres, portait la redingote, le gilet croisé, le pantalon rayé et arborait une canne au pommeau d'argent, il simplifie progressivement son apparence, jusqu'aux dernières années où il n'est plus revêtu que d'un pagne de tissu de coton blanc filé à la main. En Afrique du Sud, il quitte ses appartements confortables de Johannesburg, pour aller vivre dans des fermes communautaires, participant activement aux travaux domestiques. Il met bientôt son point d'honneur à voyager en troisième classe et ne se nourrit plus, à la fin de sa vie, que de fruits frais et de noix. Cette simplification de l'existence lui permet d'aller plus vite, plus droit, plus sûrement à l'essentiel. La marche est d'une parfaite simplicité. Un pied devant l'autre, il n'y a qu'une manière d'avancer sur ses jambes. Au-delà, cette simplicité avait aussi une visée politique. Vivre au-dessus de ses besoins, dénonce Gandhi, c'est toujours déjà exploiter son prochain.

Il s'agit bien de se débarrasser de tout ce qui pourrait inutilement encombrer, embarrasser, faire écran. La marche promeut un idéal d'autonomie. On sait à quel point Gandhi a toute sa vie valorisé l'artisanat indigène, la production locale. Il remet en honneur le rouet, se fait un devoir de tisser à la main tous les jours. Travailler de ses mains, c'est refuser l'exploitation de l'autre. La marche réalise par elle-même le double idéal compris dans le terme *swadeshi*. Ce mot avait été largement employé par Gandhi pour appeler les Indiens au boycott des tissus anglais, de l'alcool, des produits manufacturés. Il signifie à la fois « proximité » et « autarcie ». Dans la marche, on entre en contact avec les gens dans le quotidien de leur vie : on longe les champs où ils travaillent, on passe devant leur maison. On s'arrête et on parle. Marcher, c'est le bon rythme pour comprendre, se sentir proche. D'autre part, on ne dépend que de soi pour avancer. Pour peu qu'on soit valide, c'est la seule volonté qui commande, et on n'attend après rien d'autre que sa propre injonction. Ni mécanique, ni combustible. D'autant que cela nourrirait presque de marcher. Gandhi en fait l'expérience durant cette longue marche de 1930, où il parvient, après plus de trois cent quatre-vingt-dix kilomètres de marche, plus rayonnant même qu'il n'était parti.

Gandhi exalte enfin, dans le mouvement de marche, une dimension de fermeté et d'endurance : tenir bon. Elle est essentielle parce que marcher requiert un effort doux mais continu. Pour caractériser le style de luttes qu'il souhaitait entreprendre, Gandhi avait, en Afrique du Sud, pendant une réunion politique, inventé un terme neuf pour promouvoir son style d'action : le *satyagraha*. *Satyagraha*, c'est l'idée à la fois de force et de vérité, c'est l'idée qu'on s'attache fermement au vrai comme à un rocher solide. La marche requiert de la détermination : fermeté et volonté. Gandhi a pu ainsi, au cours de ses années de lutte, dans diverses structures communautaires créées ici et là, animer, former des disciples. La vertu maîtresse du *satyagrahi*, c'est la maîtrise intérieure. Il s'agit d'être prêt à recevoir des coups sans les rendre, à se faire injustement arrêter sans s'opposer, à subir humiliations, avanies, insultes sans répondre. Cette maîtrise est double, signifiant qu'on puisse maîtriser à la fois des sursauts de rage et de colère, et en même temps des accès de découragement ou de lâcheté. Il faut demeurer calme, immobile, serein, sûr de soi comme on l'est de la vérité. La marche épuise la colère, elle purifie. Quand les *satyagrahis* parviennent à la mer, leur indignation s'est vidée de toute haine et de toute colère : elle n'est plus qu'une détermination calme à transgresser la loi parce que la loi est injuste et inique, à ce point que lui désobéir devient un devoir qu'on accomplit avec autant de fermeté et de calme qu'une prière.

Cette maîtrise parfaite de soi est la condition d'un amour parfait envers tous les êtres et de la non-violence : *ahimsa*. On touche ici au cœur de la doctrine. La non-violence n'est pas chez Gandhi un refus passif, une résignation neutre, une soumission. Elle reprend en une gerbe unique, elle manifeste en une seule disposition toutes les dimensions qu'on a pu distinguer : dignité, maîtrise, fermeté, humilité, énergie. La non-violence, ce n'est pas le simple refus de la force. C'est plutôt d'opposer à la force physique la seule force de l'âme. Gandhi ne dit pas : n'opposez aucune résistance quand les coups pleuvent, quand les brutalités redoublent. Il dit au contraire : résistez de toute votre âme en restant droit le plus longtemps possible, en ne cédant jamais sur votre dignité, et sans manifester ni agressivité ni rien qui pourrait rétablir, entre celui qui frappe et celui qui est frappé, égalité et réciprocité dans une communauté de violence et de haine. Au contraire, manifestez envers celui qui vous frappe une immense compassion. Il faut que le rapport demeure, en tout, dissymétrique : d'un côté une rage aveugle, physique, haineuse, et de l'autre une force spirituelle d'amour. Si l'on tient bon, alors le rapport s'inverse, et la force physique dégrade celui qui l'emploie, devenu une bête furieuse, tandis que toute l'humanité rejaillit sur celui qui gît à terre, et qu'on a élevé à une humanité pure quand on voulait le rabaisser. La non-violence fait honte à la violence. Quand on continue à frapper celui qui oppose à la brutalité physique sa pure humanité, sa simple dignité, c'est là qu'on perd son honneur et son âme.

Il en fut ainsi de la marche terrible de Dharasana, où les *satyagrahis* se mirent en marche au mois de mai 1930, pour prendre possession, au nom du peuple, des usines de sel. Gandhi avait pris soin de prévenir le vice-roi par une lettre de cette marche et de son objet, et il écrivait que la seule suppression de la taxe sur le sel suffirait à la stopper. Mais Gandhi est arrêté et ne pourra participer lui-même à l'occupation projetée, pacifique, des marais salants. Quatre cents policiers, armés de lourds bâtons à pointe d'acier, attendent dans les salines. Les *satyagrahis* avancent lentement, refusant de se disperser. Une fois parvenus à hauteur des policiers, ils reçoivent des coups terribles sans broncher, s'écroulent et sont remplacés bientôt par le rang qui les suit immédiatement, et qui tombe à son tour. Le spectacle est d'autant plus terrible que les *satyagrahis* ne tentent même pas de se protéger avec leurs bras et demeurent à découvert, se faisant briser les épaules et le crâne. Les policiers sont pris alors de furie et finissent par battre à mort ceux qui tombent. Un journaliste américain, Webb Miller, de l'agence United Press, assiste au carnage et raconte l'avancée muette des *satyagrahis* qui avancent, silencieux, déterminés, « marchant d'un pas ferme, la tête haute », et tombent. Silence poignant où l'on n'entend bientôt que le bruit des coups de matraque, des os disloqués et quelques gémissements sourds. On dénombrera plusieurs centaines de blessés.

Les bénéfices politiques du mouvement de 1930 ne seront pourtant à la hauteur ni des espérances, ni de la grandeur de l'acte. Le pacte Gandhi-Irwin (février 1931) s'en tient à des concessions mineures et la conférence de Londres, où Gandhi se rend en septembre de la même année, ne permet aucune avancée décisive. Quand la guerre mondiale éclate en 1939, l'Inde demeure un pays encore largement assujetti. L'indépendance ne sera obtenue qu'au mois d'août 1947, au prix d'une partition entre l'Inde et le Pakistan, la pire des solutions pour Gandhi qui n'avait jamais espéré la liberté que dans l'unité et la fraternité.

Gandhi n'a jamais cessé, sa vie durant, de marcher. Il disait tenir son excellente santé de cette habitude. Il a marché jusqu'au bout. Les dernières années de sa vie verront son rêve tout à la fois se réaliser et s'écrouler : la liberté dans la déchirure. Quand l'Angleterre se prépare sérieusement à abandonner ses colonies indiennes, à la fin des années 1940, alors les rivalités entre communautés, jusque-là soigneusement entretenues par les Britanniques pour régner sans partage, s'attisent, s'exacerbent et prennent bientôt la forme de massacres d'une violence inouïe entre les hindous, les musulmans et les sikhs.

Gandhi, pendant l'hiver 1946, reprend son bâton de pèlerin et décide de parcourir à pied les régions déchirées par la haine (le Bengale et le Bihar), d'aller de village en village en marchant, afin de faire valoir, ici et là, en parlant à chacun et en priant pour tous, l'évidence perdue de l'amour et de l'unité fraternelle. Du 7 novembre 1946 au 2 mars 1947, il traversera plusieurs dizaines de villages, toujours à pied. Il marchait, parce qu'il fallait imposer l'évidence de la paix dans le dénuement. Il se lève tous les matins à quatre heures pour lire et écrire, il file sa mesure de coton, il dirige des prières ouvertes à tous, il récite les textes sacrés hindous et musulmans en montrant leur convergence de paix, et il marche. Il part chaque matin en chantant les vers terribles de Tagore :

> Marche seul.
> S'ils ne répondent pas à ton appel, marche seul ;

S'ils ont peur et se tournent avec effroi contre le
[mur,
Ô toi de mauvais augure,
Ouvre ton esprit et parle seul.
S'ils se détournent et t'abandonnent dans la traversée
[du désert,
Ô toi de mauvais augure,
Foule les épines sur ton chemin
Et marche seul sur le chemin taché de sang.

Au mois de septembre 1947, c'est le « miracle de Calcutta » : sa seule présence et sa décision de jeûne suffisent à éteindre un incendie de haine qui dévastait la ville. L'indépendance a été proclamée au mois d'août, et la mise en œuvre de la partition de l'Inde et du Pakistan avait provoqué un regain de violences inouïes entre les communautés.

Gandhi meurt assassiné par un hindou fanatique le 30 janvier 1948.

Demeure l'image de ce vieil homme de près de soixante-dix-sept ans, avançant tout le jour en s'appuyant sur l'épaule de sa petite nièce, et tenant de l'autre main son bâton de pèlerin, allant à pied de village en village, de massacres en massacres, soutenu par sa seule foi, vêtu comme le dernier des pauvres, et faisant valoir à chaque fois l'évidence de l'amour et l'absurdité des haines, opposant à la violence du monde la paix infinie d'une marche lente, humble, interminable.

Cette image, c'est aussi celle que gardera de lui Nehru, le compagnon infatigable, le premier grand dirigeant de l'Inde libre. Quand il pense à Gandhi, il se souvient surtout de la marche du sel.

> Des images me reviennent à l'esprit, nombreuses, de cet homme au regard si souvent rieur et en même temps un lac d'infinie tristesse. Mais de toutes en émerge une, la plus significative, celle où je l'ai vu, son bâton à la main, se mettre en marche pour Dandi, lors de la marche du sel en 1930. Il était le pèlerin en quête de vérité, tranquille, paisible, résolu et sans peur [1].

---

1. Jawaharlal Nehru, *La Promesse tenue*, Paris, L'Harmattan, 1986.

Répétition

La marche est morne, répétitive, monotone. Ce n'est que trop vrai. Mais c'est aussi pour cela qu'elle n'est jamais ennuyeuse. Il faut, comme on disait, opposer la monotonie et l'ennui. L'ennui, c'est une absence de projets, de perspectives. On tourne en rond autour de soi-même, désœuvré. On attend, sans attendre *rien* de précis : ne retenant de l'attente que la dimension indéfiniment suspendue d'un temps vide. Le corps ennuyé se couche, se relève, bat l'air de ses bras, lance ses jambes dans une direction puis l'autre, brusquement s'arrête, et repart, s'agite à nouveau. Il tente désespérément de remplir chaque seconde. L'ennui, c'est comme une révolte vide contre l'immobilité. Je ne trouve rien à faire, je ne cherche rien à faire. On est désespéré de soi-même quand on s'ennuie. Tout lasse instantanément, parce que provenant d'une initiative personnelle. La rupture devra venir du dehors. On fait l'épreuve alors immense, insupportable, de la pauvreté de ses désirs. L'ennui, c'est l'insatisfaction répétée à chaque seconde, c'est le dégoût des commencements : tout lasse sitôt qu'entrepris, parce que c'est moi qui commence.

La marche en ceci n'est pas ennuyeuse. Simplement monotone. Quand on marche, on va quelque part, on est en mouvement, le pas est uniforme. Il y a bien trop de régularité, de mobilité rythmée dans la marche pour provoquer l'ennui qui s'entretient d'une agitation vide (âme qui tourne en rond dans un corps immobile). C'est ainsi que les moines avaient proposé la promenade comme remède à l'*acedia*, ce mal insidieux qui ronge l'âme. Il faut donc opposer généralement la marche, qui suppose un but, où on *avance*, à l'errance mélancolique.

Montaigne parlait de son « proumenoir ». Pour exciter ses pensées, pour que la réflexion aille plus avant, que l'invention soit plus profonde, il faut que l'esprit s'aide de l'entraînement du corps :

> Mes pensées dorment, si je les assis. Mon esprit ne va, si les jambes ne l'agitent[1].

Ainsi rien ne vaut de rester assis à son bureau quand la réflexion est bloquée. Il faut se lever et faire quelques pas. Marcher, afin de se donner du mouvement et que, de cet élan du corps, les pensées prennent impulsion et redémarrent.

La mécanique, ici, est celle du pur déclenchement : marcher, comme mise en mouvement. Au-delà, par sa régularité, la marche offre un balancement qui cette fois peut aider la poésie en vers : on se met dans le rythme, on s'installe dans la scansion. Wordsworth, romantique anglais, sert ici d'exemple. Quand on demandait à sa sœur où le poète travaillait, elle indiquait le jardin de manière vague et disait : Voilà son bureau. Et de fait, ses longs poèmes lyriques, il les composait en marchant. Il faisait les cent pas, de long en large, en marmonnant, et il s'aidait du rythme du corps pour trouver les vers.

Wordsworth est un personnage incontournable dans une histoire de la marche, beaucoup d'érudits le considérant comme l'authentique inventeur de la randonnée. C'est lui qui le premier – à une époque

---

1. Montaigne, livre III des *Essais* (« Des trois commerces »).

encore (fin du XVIIIe siècle) où marcher était le seul fait des miséreux, des vagabonds ou des bandits de grand chemin (sans parler des saltimbanques ou des colporteurs) – invente la marche comme acte poétique, communion avec la Nature, épanouissement du corps, contemplation du paysage – Christopher Morley écrit de lui qu'il fut « un des premiers à mettre ses jambes au service de la philosophie ». C'est ainsi qu'il parcourut à pied la France, traversa les Alpes, explora en Angleterre la région des Lacs, et, de toutes ses excursions, fit la matière de ses poèmes. Son immense *Prélude* (vaste poème autobiographique) se présente même comme la superposition de trois marches, celle qui le mène de l'enfance à la maturité, celle qui le jette sur les routes de France et d'Italie, et celle, enfin, du martèlement du vers régulier et sonore :

> *Thus did I steal along that silent road*
> *My body from the stillness drinking in*
> *A restoration like the calm of sleep*
> *But sweeter far. Above, before, behind,*
> *Around me, all was peace and solitude*[1].

---

1. « Ainsi suivais-je ce sentier silencieux / Mon corps buvant, dans la sérénité, / Un renouveau au sommeil pareil, / Mais bien plus doux. Dessus, devant, derrière, / Autour de moi : la paix, la solitude. »

L'incompréhension à laquelle Wordsworth dut s'opposer à l'époque, et même une certaine hostilité, fait comprendre toute la différence qu'il y a entre la marche et la promenade. La promenade, dans de grands jardins attenants aux châteaux, avait été construite comme une distinction sociale. Dans les jardins anglais, aux allées complexes, aux bosquets complices, aux carrefours miraculeux, on se cache et on se rencontre. C'est une marche légère, composée d'allers et retours, de pauses incessantes, traversée par les conversations fines, par les badinages et les marivaudages, les confidences. La promenade est l'endroit où déployer un art de la séduction. Elle est surtout un contrepoint exact aux marches du journalier qui se rend aux champs vendre sa force de travail, ou du vagabond sans toit qui traîne sa misère et sa fortune au long des sentiers vagues. Dans les allées des jardins, c'est à peine si on marche : on danse.

Wordsworth, lui, emprunte les chemins comme un pauvre, sans nécessité et pour son plaisir. À la stupéfaction de tous, il appelle « richesse » cette expérience. Au-delà de cette invention culturelle énorme (la randonnée, la beauté des paysages), sa poésie porte infiniment en elle le rythme de la marche : régulière, sans éclat, monotone. Elle berce sans lasser, comme le bruit des vagues.

Un seul autre poète, marcheur aussi, bien plus tard saura retrouver dans ses vers cette monotonie remarquable. C'est Péguy, particulièrement dans sa *Présentation de la Beauce*, quand, pour obtenir la guérison de son fils Pierre, atteint de typhoïde, il accomplit en 1912 le pèlerinage de Notre-Dame-de-Chartres, et forge au long des routes des vers interminables :

> Nous allons devant nous, les mains le long des
> [poches,
> Sans aucun appareil, sans fatras, sans discours,
> D'un pas toujours égal, sans hâte ni recours,
> Des champs les plus présents vers les champs les plus
> [proches,
> Vous nous voyez marcher, nous sommes la piétaille,
> Nous n'avançons jamais que d'un pas à la fois.

Toute très longue marche fait ainsi monter aux lèvres une poésie psalmodique, monocorde. Les psaumes sont toujours, essentiellement, psaumes du pèlerin, du marcheur : soit qu'ils chantent la détresse de l'exil, de l'éternel étranger (« Si je t'oublie, Jérusalem… »), soit qu'ils disent l'effort et l'espérance de la Terre promise comme dans le Cantique des Montées (« Je lève les yeux vers les montagnes : d'où le secours me viendra-t-il ? »)

Le psaume ne suppose pas un effort particulier de l'intelligence sur des contenus de sens : il doit surtout être prononcé, articulé, chanté, *incarné*. Il doit être actualisé dans le corps, et s'il est chanté à plusieurs, c'est dans le corps d'une communauté qu'il se rend sensible. En Inde, quand on se rend à pied à Pandharpour, on chante encore aujourd'hui les psaumes de Toukârâm, le petit boutiquier marathe illettré, né en 1698 dans la caste des Choudra, la plus basse (« Je suis de vile caste dit Touká, je n'ai pas lu les livres »), qui rencontra son dieu sur la colline, et se mit bientôt à composer des vers qu'il répétait, et les disciples autour recopiaient, puisqu'il ne savait pas écrire. Et depuis les pèlerins hindous chantent, sur les chemins, les psaumes du poète qui ne savait pas lire :

> Que je sois, Seigneur,
> Petit caillou, grosse pierre ou poussière
> Sur la route de Pandharpour,
> Pour être foulé par les pieds des saints !

Marcher fait venir naturellement aux lèvres une poésie répétitive, spontanée, des mots simples comme le bruit des pas sur le chemin. On pourrait encore trouver un écho de la marche dans la pratique du chant des psaumes dit « à chœurs alternés ». Il s'agit alors pour un chœur de chanter (sur une seule note) un verset, et l'autre chœur lui répond. Cette pratique chorale permet l'alternance du chant et de l'écoute. Surtout, elle engendre un effet de répétition et d'alternance que saint Ambroise compare au bruit de la mer : quand les vagues se brisent doucement sur le rivage, la régularité du son, non seulement ne rompt pas, mais *rythme et rend audible le silence*. Ainsi la psalmodie, dans le va-et-vient des réponses alternées, produit dans l'âme, dit Ambroise, une quiétude heureuse. Ces chants en écho, ce flux et ce reflux des vagues ressemblent au mouvement alterné des jambes dans la marche. Et là, il ne s'agit pas de briser, mais de *rythmer et rendre sensible la présence du monde*. Et comme Claudel avait dit que le son rend le silence accessible et utile, il faudrait dire de la marche qu'elle rend *la présence accessible et utile*.

On trouve ainsi dans la marche cette puissance énorme de la répétition, la répétition du Même. Elle fait naître les psaumes, qui sont l'actualisation scandée d'une foi dans la vibration des corps. Cette puissance de la répétition se retrouve ailleurs : dans une certaine forme de prière. Je pense ici particulièrement à ce qu'on appelle dans la spiritualité orthodoxe la « Philocalie du cœur ». Il s'agit d'un exercice consistant en la répétition simple d'une prière absolument élémentaire, composée de quelques mots seulement : « Seigneur Jésus-Christ, fils de Dieu, ayez pitié de moi, pécheur. » Il faut simplement répéter cette prière (prière-phrase), l'égrener au fil des minutes, puis des heures, et parvenir à faire ainsi de sa journée une oraison continue. Cet exercice de répétition peut être accentué par un contrôle strict de sa respiration, en faisant correspondre une première moitié de phrase mentalement répétée (« Seigneur Jésus-Christ, fils de Dieu ») à l'inspiration, et la seconde (« ayez pitié de moi, pécheur ») à l'expiration[1].

Le but poursuivi par cet exercice de répétition est de parvenir à un état de concentration (on ne fait qu'une seule chose, c'est de se répéter une seule phrase), mais une concentration qui ne soit pas intellectuelle. Pas une tension de l'esprit, mais une participation (tout le corps respire et murmure, tous les sens font écho, toutes les facultés de l'âme réfléchissent le contenu saint de la formule)

---

1. Cette respiration a encore valeur métaphysique, l'inspiration signifiant l'unification des facultés et l'expiration une nécessaire rémission.

de l'ensemble de l'être à la seule récitation de la prière. C'est ce que les Pères orthodoxes appellent « ramener l'esprit dans le cœur ». Le grand danger, c'est en effet la dispersion, la distraction, la dissipation, qui sont autant pour eux d'oublis de Dieu. Cet oubli se manifeste aussi bien dans le travail qui abrutit le corps, le jeu qui excite l'imagination et la méditation qui devient de la spéculation gratuite. La petite prière du cœur, humble, répétitive, absolument obsédante, court-circuite toutes ces aliénations pour nous faire retrouver, disent les Pères, notre Royaume intérieur. Le cœur, c'est le point d'unification parce qu'il est l'ouverture et l'énergie de la présence, apte à contredire aussi bien les tentations de la chair que les dérives de l'esprit. Par la répétition de cette seule phrase, qui n'a qu'un seul sens, l'âme se dépouille entièrement des fausses richesses des pensées, et s'absorbe dans la répétition mentale d'un unique contenu de sens.

Concentration, unicité, dépouillement. Juste une petite phrase à répéter inlassablement : « Seigneur Jésus-Christ, fils de Dieu, ayez pitié de moi, pécheur ». Après quelques minutes, quelques heures, ce n'est plus un homme qui prie, c'est l'homme devenu prière. Il n'est plus qu'une invocation continuelle du Christ, et peu à peu, à la gêne terrible, à la saturation de l'esprit qui s'étouffe à répéter la même chose, à la bouche harassée par le mouvement des lèvres, succède, dans la brutalité sacrale d'un moment, la tranquillité pure (la fameuse *hêsukhia*). La répétition devient spontanée, fluide, sans effort, absolument comparable au battement du cœur. Et le moine trouve une sécurité totale dans un marmonnement indéfini, interminable, dans la respiration infinie de sa prière. Du reste quand on marche, il y a bien cet instant où, de la répétition monotone du pas, surgit soudain un calme absolu. On ne pense plus à rien, plus aucun souci ne nous agite, plus rien n'existe que la régularité du mouvement qu'on accompagne, ou plutôt : nous sommes tout entiers la répétition calme des pas.

Chez les Pères qui l'ont enseignée, cette prière du cœur supposait largement une posture assise, immobile, le menton collé à la poitrine (par exemple chez le pseudo-Syméon ou Grégoire de Sinaïte), des heures plongées à se répéter la même phrase. Mais la Philocalie fut popularisée en Occident par le récit fameux d'un pèlerin russe anonyme du XIXe siècle, qui la pratiquait en marchant. C'est l'histoire d'une âme simple qui voulait accomplir pleinement l'exhortation de saint Paul : « Priez sans cesse ». Un moine lui fait découvrir alors le secret de la Philocalie. Le brave homme, pendant plusieurs semaines, s'isole dans un jardin et s'attache à répéter des milliers de fois la prière (six, puis douze mille fois par jour). Après des journées de fatigue et d'effort, de lassitude et d'ennui, l'invocation continuelle du nom du Christ finit par l'habiter tout entier, comme une source de joie et de consolation inépuisables. Et quand elle lui est devenue presqu'aussi naturelle que la respiration, il prend la route et marche tout le jour sans sentir de fatigue. Il marche comme il récite sa prière, à son rythme : inlassablement.

> Voilà comment je vais maintenant, disant sans cesse la prière de Jésus, qui m'est plus chère et douce que tout au monde. Parfois, je fais plus de soixante-dix verstes en un jour et je ne sens pas que je vais ; je sens seulement que je dis la prière. Quand un froid violent me saisit, je récite la prière avec plus d'attention et bientôt je suis tout réchauffé. Si la faim devient trop forte, j'invoque plus souvent le nom de Jésus-Christ et je ne me rappelle plus avoir eu faim. Si je me sens malade et que mon dos ou mes jambes me font mal, je me concentre dans la prière et je ne sens plus la douleur [...]. Je suis devenu un peu bizarre. Je n'ai souci de rien, rien ne m'occupe, rien de ce qui est extérieur ne me retient, je voudrais être

toujours dans la solitude ; par habitude, je n'ai qu'un seul besoin : réciter sans cesse la prière.[1]

On retrouve cette insistance sur la régularité comme secret d'une marche sans fatigue dans la spiritualité tibétaine, avec la figure presque magique du *Lung-gom-pa*. Le *Lung-gom* consiste en des exercices, prolongés sur plusieurs années, de respiration et de gymnastique qui permettent d'obtenir une très grande agilité et légèreté. En même temps qu'il s'entraîne à contrôler parfaitement sa respiration, le moine apprend à caler parfaitement sur elle la répétition de formules mystiques. Plus tard, il saura leur faire correspondre aussi le rythme de son pas. Au terme de son initiation, il devient un *Lung-gom-pa*. Le moine est alors capable, dans certaines circonstances, de marcher très vite sur d'énormes distances, sans ressentir aucune fatigue. Il y faut sans doute des conditions spéciales : un terrain plat, un paysage désertique, le crépuscule ou une nuit étoilée. Dans ces espaces fantomatiques, rien ne distrait l'attention, la concentration est maximale. Le marcheur se recueille, ne pense à rien, ne regarde

---

[1]. *Récits d'un pèlerin russe*, trad. J. Laloy, Paris, Baconnière / Seuil, 1966.

ni à droite ni à gauche, fixe un point devant lui, se met en marche, prononce en cadence ses formules, et bientôt il entre dans un état de transe hallucinatoire, produit par la répétition de son pas, de ses phrases indéfiniment reproduites, de sa respiration régulière. Et il accomplit de grands pas comme s'il rebondissait sur le sol.

Alexandra David-Neel raconte qu'au cours de ses longues marches himalayennes, alors qu'elle évoluait sur un immense plateau isolé, elle vit au loin un point noir qui se rapprochait à très grande vitesse. Elle s'aperçut bientôt que c'était un homme qui avançait à très grande vitesse. Ses compagnons de route lui dirent que c'était un *Lung-gom-pa*, et qu'il ne fallait surtout pas lui parler ou interrompre sa marche rapide, car il était en état d'extase et qu'il pourrait mourir si on l'éveillait. Ils le virent passer, impassible, les yeux ouverts, sans courir, mais s'élevant à chaque pas, comme une étoffe légère soulevée par le vent.

Marcher dans le retrait des dieux (Hölderlin)

> « Je n'ai besoin que d'une paire de souliers[1]. »

Il y eut pour Hölderlin, au mitan de sa vie mais au crépuscule de sa raison, le voyage à Bordeaux, dont on s'accorde à penser qu'il fut accompli presque essentiellement à pied. À Strasbourg, où il demeure deux semaines sous surveillance, il reçoit l'autorisation d'aller rejoindre Bordeaux, en passant par Colmar, Besançon, Lyon. Et puis, à partir du 10 janvier, c'est la longue route vers Clermont, la traversée des monts d'Auvergne : le temps glacial, le sol gelé, le ciel très bas – un ciel noir sur une terre

---

1. Lettre à sa sœur, 11 décembre 1800.

enneigée, des peuples sauvages, des tempêtes. Hölderlin a raconté à sa mère ses nuits glaciales, où il dormait sur un grabat (9 janvier 1802), et il écrit à son ami Böhlendorff : « en France, j'ai vu la triste terre solitaire » (automne 1802). Il arrive à Bordeaux chez le consul allemand, comme précepteur de ses enfants, à la fin du mois de janvier. Repart au mois de mai. Sans explication. À pied toujours, mais par une autre voie : celle de Paris. S'arrête au Louvre contempler les Antiques, et reprend la route. Quand il arrive à Stuttgart, il est méconnaissable : on dirait un pauvre hère hirsute, un mendiant hagard, barbu. Et muet.

Est-ce la marche immense et solitaire qui lui fit perdre la raison ? Ou bien lui inspira-t-elle ses derniers poèmes, si différents ; lui fit-elle trouver cette voix particulière, cette voix *nue* ? Pour l'ensemble des biographes, le voyage à Bordeaux fait rupture, on dirait presque *cassure*. Hölderlin lui-même s'y est dit « frappé par Apollon ». Il avait, auparavant, multiplié les échecs : précepteur d'enfants incorrigibles, amoureux d'une femme mariée, écrivain d'une tragédie impossible (*Empédocle*, jamais achevé). Bien sûr, il avait publié *Hypérion*, fait paraître, dans des revues, quelques poèmes. Il avait de bonnes relations, qui l'appréciaient : Schiller, Hegel, Schelling... Mais enfin, quand la reconnaissance massive viendra, quand l'époque décidera qu'il est un poète immense, il ne sera plus en état de rien entendre. Au retour de Bordeaux, il écrit encore quelques grands hymnes, fragmentés, il traduit Sophocle, mais se mure chaque jour davantage dans un silence poli, brisé par quelques crises de colère. Sa raison s'obscurcit. Il restera plus de trente ans dans une petite chambre, logé dans une tour, au-dessus du Neckar, aux bons soins du menuisier Zimmer.

Je voudrais seulement ici savoir ce que cette marche difficile, cet épuisement ont pu entraîner comme secousse poétique, qui serait lisible dans les derniers textes. Mais il faut déjà saisir ce que provoque l'expérience de traverser à pied des étendues désolées, dans le froid, seul.

Il y a d'abord cette évidence de la séparation. On connaît, bien entendu, les grands discours sur la communion par la marche, l'harmonie, la fusion, la contemplation extatique des paysages... On n'ira pas crier à l'imposture, mais enfin, dans les marches éreintantes, ce qui s'impose, c'est le « retrait des dieux ». Non que l'on marche dans l'absence ou le vide, mais dans le froid, la neige, la solitude complète, et avec la peur au ventre ;

et l'on n'est bientôt plus qu'une obstination, un entêtement, une insistance. Il faut tenir dans cette présence qui surplombe indéfiniment, à la verticale. Le ciel au-dessus, toujours là. Endurance : tenir dans le détour des dieux. Finis la nostalgie, l'élancement vers les cieux mythologiques, le mouvement vers l'unité perdue (l'illimité chaotique, le feu primitif) comme dans les premières compositions. Ce que devra parcourir le poème, c'est juste cette distance accomplie, acceptée, résignée. Marcher dans la fatigue, c'est marcher dans cette distance. Pas d'extase, pas d'ivresse. Il s'agit seulement de durer, de tenir, de repartir, et de demeurer dans ce qui sépare.

Marcher longtemps, très longtemps, ce n'est pas seulement le ciel au-dessus, mais autour bientôt, tout a cette présence têtue. Simplicité fragmentée de la présence : des feuilles, cette écorce, quelques pierres. Beauté de la simplicité d'être des choses, révélée au marcheur endurant. Beauté décapée, offerte, sans éclat. Il n'y a plus à inventer d'autres mythologies, à découvrir des récits derrière, à projeter ses rêves. Seulement à nommer. Le poème devient simple écho de la présence, la présence simple des choses.

> Routes du voyageur !
> Ombres des arbres
> Et collines dans le soleil, où
> S'en va le chemin
> Vers l'église[1].

Les derniers poèmes se débarrassent des références livresques, connotations, métaphores culturelles. Poésie décapée, dénudée, à vif. Il n'y a pas à dépasser le réel, vers un idéal qui le suspendrait et lui donnerait sens, pas d'histoires à inventer, pas de divinités à deviner derrière, pas de souvenirs de lecture à refourguer. Quand on a marché longtemps, la « Nature » n'existe plus, cet artifice culturel, cet alibi pour versificateurs, ce thème littéraire. Seulement des éclats dispersés de présence, partout. Et peut-être alors qu'il faut plisser un peu les yeux en marchant, non pas pour se fondre dans le grand Tout, comme on dit, non pas pour s'évanouir dans l'Être, mais fermer les yeux pour, soi-même, se loger au creux de ce divorce – Hölderlin dit : rester fidèle à l'infidélité. Et comme un arbre au sommet d'une colline, comme un rocher au bord des falaises, pareil le marcheur sur la route.

---

1. *Hymnes inachevés* – *Grèce* (première version).

Mais pour le voyageur, seul maître de ses pas,
Qui par amour de vivre toutefois les mesure
Voici fleurir plus belles
Les routes[1].

---

1. *Hymnes inachevés – Grèce* (troisième version).

Fin du monde

Peut-être, quand tout sera détruit, disparue la civilisation après un cataclysme majeur, sur les ruines fumantes d'une humanité engloutie, qu'il ne restera plus alors qu'à marcher.

Au mois d'août, je me trouvais dans une maison isolée, immense. La nuit fut déchirée par des orages énormes, les éclairs capturaient les murs quelques secondes dans une lueur blanche qui les prenait à vif, et tout retombait dans le noir, puis c'était un vacarme effroyable. Cela dura longtemps, très longtemps. Le matin, au petit jour, le ciel était très bas, une pluie fine, régulière, froide, tombait interminablement. Je suis sorti marcher, dans une lumière jaune. Personne, c'était une éternité froide, une éternité de pluie indifférente, nuages gris immobiles. Il me semblait en marchant que je marchais pour toujours, ça ne s'arrêterait pas, et il y avait comme une douceur de ce désespoir sans larmes, bien au-delà du tragique. Dans un roman de Cormac McCarthy, *La Route*, on suit un père et son fils, on comprend vite qu'il ne reste plus grand-chose d'humain dans le monde : de rares errants. Ils poussent un chariot comme des damnés dans une mine à ciel ouvert. Où vont-ils ?

Parfois, c'est ainsi que l'on marche. Au-delà même de la mélancolie. La mélancolie est noire, agitée, torturée, pleine d'éclairs bleus. Je veux parler ici plutôt d'une marche grise, jaune sale, vert pâle. On marche alors comme on respire. L'*Homme qui dort* de Perec est aussi un homme qui marche. Je suis étendu, le cœur vide. Ce n'est même pas le courage qui manque, mais à quoi bon avoir du courage ? Rien à faire, rien à vivre. Je n'ai rien appris de l'existence. Ce qu'on apprend de la vie, ce sont des histoires qu'on se raconte. Fin des récits. Quand on a plus désappris qu'appris, on touche le fond, ça racle. Et puis on se lève, parce que c'est trop fatigant de rester allongé. Trop fatigant, parce qu'immanquablement, couché, on se dit : je ne fais rien, je suis là, allongé, pas même endormi et je ne fais rien. Bien sûr, je ne fais rien parce qu'il n'y a rien à faire, rien de convaincant, rien de concluant. À force, se le dire, c'est éreintant. Alors je me lève, ramasse les clés par terre, une veste jetée sur les épaules, je sors marcher. Simplement pour ne pas entendre la voix usante qui répète « je ne fais rien, pas même me reposer, rien ». Alors on marche, ce qui est ne rien faire, mais sans la voix, seulement le bruit diffus de la rue et des pas. Ce sont les marches grises, parce que dehors tout est gris. Non pas la flânerie poétique, pas la promenade salutaire, rien de lyrique, d'épique, de dramatique. Marcher comme on respire, pas même pour se sentir vivant, mais parce qu'à rester immobile, on se sent trop ne rien faire. Et dehors tout est gris, rien ne parle. Rien qui éclate, appelle, attire, brille : tout se ressemble, se fond. Les phares des voitures sont des soleils tristes, les vitrines invisibles, les gens un brouhaha muet. Devant moi une femme hèle un taxi qui ne s'arrête pas, elle trépigne, serre son sac, et reprend énergiquement sa course. L'existence comme un taxi qui ne s'arrête pas, qu'on appelle et qui ne s'arrête pas. Et moi je marche. Pas besoin d'apocalypse nucléaire, pas besoin d'un ciel de cendre, juste cette « indifférence » (toujours Perec) parfois, à tout. Rien appris de la vie, trop désappris. Et on se voit marcher bientôt, on se tient juste derrière soi, à quelques mètres, et on se suit. Prendre à droite, à gauche : juste pour continuer à marcher. La fin du monde, ce n'est pas quand tout s'arrête, mais quand tout continue, interminablement : rien d'autre à faire que poser un pied devant l'autre, sous les lunes froides.

J'ai marché comme ça quelquefois dans Paris.

Textes et références

Bibliographie générale :

M. Jourdan & J. Vigne, *Marcher, méditer*, Paris, Albin Michel, 1994.
J.-L. Hue, *L'Apprentissage de la marche*, Grasset, 2010.
C. Lamoure, *Petite philosophie du marcheur*, Paris, Milan, 2007.
D. Le Breton, *Éloge de la marche*, Paris, Métailié, 2000.
B. Lévy et A. Gillet (dir.), *Marche et paysage. Les chemins de la géopoétique*, Métropolis, 2007.
Y. Paccalet, *Le bonheur en marchant*, Paris, J.-C. Lattès, 2000.
R. Solnit, *L'Art de marcher*, Paris, Actes Sud, 2002.
S. Tesson, *Petit traité sur l'immensité du monde*, Paris, Pocket, 2008.
H. Viaux, *Sur les traces des grands marcheurs de tous les temps*, éd. Ouest-France, 2001.
Le Goût de la marche, textes choisis par J. Barozzi, Paris, Mercure de France, 2008.

Libertés

J. Kerouac, *Sur la route*, et autres romans (*Les Clochards célestes*, trad. M. Saporta, etc.), éd. Y. Buin, Paris, Gallimard, 2003.
S. Ramdas, *Carnets de pèlerinage*, trad. J. Herbert, Paris, Albin Michel, 1953.
G. Snyder, *La Pratique sauvage*, trad. O. Delbard, Paris, éd. du Rocher, 1999.
H. Zimmer, *Les Philosophies de l'Inde*, trad. M.-S. Renou, Paris, Payot, 1978.

Pourquoi je suis si bon marcheur (Nietzsche)

F. Nietzsche, *La Naissance de la tragédie* ; *Humain trop humain* ; *Aurore* ; *Le Gai Savoir* ; *Ainsi parlait Zarathoustra* ; *Ecce Homo* ; *Le Cas Wagner* ; *Nietzsche contre Wagner* (Paris, Gallimard) ; *Dernières lettres* (trad. C. Perret, Paris, Rivages, 1992).
C.P. Janz, *Nietzsche, biographie*, tomes I (*Enfance, jeunesse, les années bâloises*, trad. Marc de Launay, Violette Queuniet, Pierre Rusch & Maral Ulubeyan), II (*Les dernières années bâloises, le libre philosophe*, trad. Marc de Launay, Violette Queniet, Pierre Rusch & Maral Ulubeyan), III (*Les dernières années du libre philosophe, La maladie*, trad. Pierre Rusch & Michel Valois), Paris, Gallimard, 1984 et 1985.
Les traductions ont été modifiées.

Lenteur

P. Sansot, *Du bon usage de la lenteur*, Paris, Rivages Poche, 2000.

La rage de fuir (Rimbaud)

A. Borer, *Rimbaud en Abyssinie*, Paris, Le Seuil, 1984.
J.-J. Lefrère, *Arthur Rimbaud*, Paris, Fayard, 2001.
A. Rimbaud, *Œuvres complètes*, éd. P. Brunel, Paris, LGF, 1999.
A. Rimbaud, *Correspondance*, éd. J.-J. Lefrère, Paris, Fayard, 2007.
I. Rimbaud, *Reliques*, Paris, Mercure de France, 1922.

Les rêves éveillés du marcheur (Rousseau)

J.-J. Rousseau : *Les Confessions* ; *Mon portrait* ; *Lettres à Malesherbes* ; *Discours sur l'origine et les fondements de l'inégalité parmi les hommes* (Paris, Gallimard).
R. Trousson, *Jean-Jacques Rousseau*, tome I, « La Marche à la gloire » ; tome II, « Le Deuil éclatant du bonheur », Paris, Tallandier, 1988 et 1989.

Éternités

R. W. Emerson, *La Nature*, trad. P. Oliete-Losos, Paris, Allia, 2004.

La conquête du sauvage (Thoreau)

H. D. Thoreau, *Walden ou la Vie dans les bois*, trad. L. Fabulet, Paris, Gallimard, 1922 ; *Journal 1837-1861*, trad. R. Michaud & S. David, Paris, Denoël, 1986 ; *Je suis simplement ce que je suis : Lettres à Harrison G.O. Blake*, trad. T. Gillybœuf, Paris, Finitude, 2007 ; *La Désobéissance civile*, trad. G. Villeneuve,

Paris, Mille et une nuits, 1999 : *De la Marche*, trad. T. Gillybœuf, Paris, Mille et une nuits, 2003 ; *Le Paradis à (re)conquérir*, trad. T. Gillybœuf, Paris, Mille et une nuits, 2005 ; *La Vie sans principe*, trad. T. Gillybœuf, Paris, Mille et une nuits, 2004 ; *De l'esclavage, plaidoyer pour John Brown*, trad. T. Gillybœuf, Paris, Mille et une nuits, 2006.
Les traductions ont été modifiées.

Énergie

Pieds nus sur la terre sacrée (textes rassemblés par T. C. McLuhan), trad. M. Barthélémy, Paris, Denoël, 1974.
H. D. Thoreau, *Balade d'hiver*, trad. T. Gillybœuf, Paris, Mille et une nuits, 2007.
S. Tesson, *Éloge de l'énergie vagabonde*, Paris, Pocket, 2006.

Pèlerinage

F.-.L. Alsina & P. Caucci von Saucken, *Pèlerinages : Compostelle, Jérusalem, Rome*, Paris, Desclée de Brower, 1999.
J. Biès, *Mont Athos*, Paris, Albin Michel, 1963.
J. Chélini & H. Branthomme, *Les Chemins de Dieu : Histoire des pèlerinages chrétiens des origines à nos jours*, Hachette, 1995.
J. Chélini & H. Branthomme (dir.), *Les Pèlerinages dans le monde à travers le temps et l'espace*, Paris, Hachette, 2004.
A. Dupront, *Du sacré : croisades et pèlerinages, images et langages*, Paris, Gallimard, 1987.
A. Dupront (dir.), *Saint-Jacques de Compostelle*, Paris, Brépols, 1985.
Le Guide du pèlerin de Saint-Jacques de Compostelle, trad. J. Vielliard, Paris, Vrin, 1997.

H. Engelman, *Pèlerinage*, Paris, Fayard, 1959.

A. Guillaumont, *Aux origines du monachisme chrétien*, Abbaye de Bellefontaine, 1979.

R. Oursel, *Les Pèlerins du Moyen âge : Les Hommes, les chemins, les sanctuaires*, Paris, Fayard, 1963.

P.A. Sigal, *Les Marcheurs de Dieu*, Paris, Armand Colin, 1974.

Régénération et présence

Lama Anagarika Govinda, *Le Chemin des nuages blancs. Pèlerinages d'un moine bouddhiste au Tibet*, Paris, Albin Michel, 1969.

M. Benzi, *Les Derniers Adorateurs du peyotl*, Paris, Gallimard, 1972.

G. Roud, « Petit traité de la marche en plaine », in *Essai pour un paradis*, Lausanne, L'Âge d'Homme, 1983.

La démarche cynique

Les Cyniques grecs. Fragments et témoignages, éd. L. Paquet, Paris, Le livre de poche, 1992.

Diogène Laërce, *Vies et doctrines des philosophes illustres* (particulièrement le livre VI), dir. M.-O. Goulet-Cazé, Paris, La Pochothèque, 1999.

Épictète, *Entretiens* (particulièrement le III, 22), trad. A. Jagu & J. Souilhé, Paris, Les Belles Lettres, 1943.

M. Foucault, *Le Courage de la vérité*, Paris, Gallimard-Le Seuil-Hautes Études, 2009.

M.-O. Goulet-Cazé, *L'Ascèse cynique. Un commentaire de Diogène Laërce*, Paris, Vrin, 2000.

Les traductions ont été modifiées.

L'errance mélancolique (Nerval)

G. de Nerval, *Les Filles du feu* ; *Promenades et Souvenirs* ; *Aurélia* (Paris, Gallimard).
C. Pichois & M. Brix, *Gérard de Nerval*, Paris, Fayard, 1995.

La sortie quotidienne (Kant)

L.E. Borowski, R.B. Jachmann, E.A. Wasianski, *Kant intime*, trad. J. Mistler, Grasset, 1985.
T. de Quincey, *Les Derniers Jours d'Emmanuel Kant*, trad. M. Schwob, Paris, Allia, 2004.

Promenades

M. Proust, *Du côté de chez Swann* (Combray), Paris, Gallimard, 1987.
K. G. Schelle, *L'Art de se promener*, trad. P. Deshusses, Paris, Rivages, 1996.

Jardin publics

M. Poëte, *Au jardin des Tuileries : l'art des jardins, la promenade publique*, Paris, A. Picard, 1924.
M. Poëte, *La Promenade à Paris au XVIIe siècle*, Paris, Armand Colin, 1913.

Le flâneur des villes

L. Aragon, *Le Paysan de Paris*, Paris, Gallimard, 1972.

W. Benjamin, *Charles Baudelaire*, trad. J. Lacoste, Paris, Payot, 2002.

W. Benjamin, *Paris capitale du XIXe siècle : Le livre des passages*, trad. J. Lacoste, Paris, Le cerf, 1997.

A. Breton, *Nadja*, Paris, Gallimard, 1973.

T. Paquot, *Des corps urbains : sensibilités entre béton et bitume*, Paris, Autrement, 2006.

G. Debord, « Théorie de la dérive », in *Œuvres*, Paris, Gallimard, 2006.

Mystique et politique (Gandhi)

Gandhi, *Mes expériences de vérité* (Paris, P.U.F., 1982), *Résistance non-violente* (Paris, Buchet-Chastel, 1986).

G. Deleury, *Gandhi*, Paris, Pygmalion, 1997.

L. Fisher, *Vie du Mahatma Gandhi*, Paris, Calmann-Lévy, 1952.

R. Payne, *Gandhi*, trad. P. Rocheron, Paris, Le Seuil, 1972.

Répétition

A. David-Neel, *Mystiques et magiciens du Tibet*, Paris, Pocket, 2003.

C. Péguy, *Les Tapisseries*, Paris, Gallimard, 1957.

Petite Philocalie de la prière du cœur, trad. J. Gouillard, Paris, Le Seuil, 1979.

Récits d'un pèlerin russe, trad. J. Laloy, Paris, Baconnière/ Seuil, 1966.

Toukârâm, *Psaumes du pèlerin*, trad. G.-A. Deleury, Paris, Gallimard, 1973.
W. Wordsworth, *Le Prélude*, trad. L. Cazamian, Paris, Aubier, 1978.

Marcher dans le retrait des dieux (Hölderlin)

F. Hölderlin, *Œuvres*, publiées sous la dir. de P. Jaccottet, Paris, Gallimard, collection « Bibliothèque de La Pléiade », 1967.
B. Allemann, *Hölderlin et Heidegger*, PUF, 1959.
P. Härtling, *Hölderlin*, trad. P. Jaccottet, Paris, Le Seuil, 1980.
Les traductions ont été modifiées.

Fin du monde

C. McCarthy, *La Route*, trad. F. Hirsh, Le Seuil, 2009.
G. Perec, *Un homme qui dort*, Gallimard, 1990.

Remerciement

Merci à Benoît Chantre qui a mis ce livre « en marche » et l'a accompagné jusqu'à son terme...

Table

Marcher n'est pas un sport	7
Libertés	11
Pourquoi je suis si bon marcheur *(Nietzsche)*	21
Dehors	47
Lenteur	51
La rage de fuir *(Rimbaud)*	57
Solitudes	77
Silences	85
Les rêves éveillés du marcheur *(Rousseau)*	91
Éternités	113
La conquête du sauvage *(Thoreau)*	121
Énergie	145
Pèlerinage	149
Régénération et présence	167
La démarche cynique	177
Les états du bien-être	191
L'errance mélancolique *(Nerval)*	201
La sortie quotidienne *(Kant)*	209

Promenades	217
Jardins publics	229
Le flâneur des villes	235
Gravité	245
Élémentaire	251
Mystique et politique *(Gandhi)*	257
Répétition	277
Marcher dans le retrait des dieux *(Hölderlin)*	291
Fin du monde	297
Textes et références	301
Remerciement	309

*Achevé d'imprimer en octobre 2015
sur les presses de l'imprimerie Maury Imprimeur
45330 Malesherbes*

N° d'édition : L.01EHQN000527.B004
Dépôt légal : avril 2011
N° d'impression : 201572

Imprimé en France

Printed in Great Britain
by Amazon

Congratulations!!!!

If you found this strategy helpful do let me know by contacting me at ryancatriona777@gmail.com

Step 9. Editing-Track Back

Wow!!! What an amazing position to be in. You have one last editing job to do and then you can celebrate all your efforts by heading off to the pub!!!!

I developed track back while writing my PhD thesis. I have used it ever since and have passed it on to students over the years. It runs as follows:

-This is where you check the relevancy of your argument throughout.

-It is mind-mapping in reverse.

-Read the paper.

-Can you narrow the argument back to one line?

-Re-draw map.

-Check the sub-topics/paragraphs. Do each represent a different angle on the argument?

If all is well once the track back edit is complete then you have completed your paper.

Step 8. Editing: Enhance your writing Style

Congratulations!! At this stage the paper is nearly finished. Now your mind must be feeling clear and creative. At this point you can start showing off your ability with language. **Tip:** A great way to enhance your vocabulary, for a student and an academic, is to read academic journal articles.

LESSON 8:

Edit your paper by enhancing the writing style

Exercise: If you are working on a dissertation or thesis chapter or article start editing your writing style-Show off!!!

LESSON 7:

Write the introduction and conclusion

Exercise: If you are working on a dissertation or thesis chapter or article start writing the introduction and conclusion

-After the first key sentence there are a number of lines of elaborating on the first key sentence.

-After the elaboration the writer sets out the essay plan.

-The last key sentence is the final sentence of the introduction which sets up the reader's anticipation.

Example: "This essay will examine misogyny and the media in 21st century Britain and its negative impact on women's identity."

The Structure of a **Conclusion** is as follows:

-A summary of the text

-Your personal opinion of the discussion

-A reference to the limitations in the research

-Future research

Step 7: The Writing Process-The Introduction and Conclusion

At this stage of writing your paper you will be feeling great. You have just written most of the paper with a good discursive analysis that is relevant to the argument. Even though the writing style could be better at this stage that does not matter. It is all about argument development up to this point. The most important part of any dissertation, thesis chapter or journal article is the introduction as this sets up the reader's expectations for the paper. It makes sense that you can only write a good introduction once the paper is written.

Here is some advice about how to write an introduction:

-A two-paragraph introduction provides scope for setting out your essay plan. One is fine as well.

-The first key sentence is an introductory sentence. It starts with a problem and it should be short.

Example: "Misogyny is endemic in our society."

LESSON 6:

Start filling in all the paragraphs in each subtopic

Exercise: If you are working on a dissertation or thesis chapter or article start filling in all the paragraphs in each subtopic (including introduction and conclusion) then you can fix your writing style. Again at that stage your confidence will be greatly enhanced and you will feel more creative which is a wonderful space from which you can show off your flair for language.

Step 6: The Writing Process-Fill in the Paragraphs

Now that the argument structure is planned down to every paragraph you need to start the writing process. A typical dissertation, thesis chapter or journal article has a three-part structure: 1. Introduction 2. Paragraph Structure 3. Conclusion. The biggest mistake at this stage is to start with the introduction. At school we were taught to construct an essay by starting with the introduction and in fact in my view that technique exacerbates writing anxiety.

The next step is to take each subtopic with its paragraph structure and start filling in the paragraphs. NB!! It is important to understand that as you fill in each paragraph you need to let go of the need to be overly conscious of the quality of your vocabulary as that creates anxiety which can cause writer's block. I would encourage you to write each section in a basic way (even badly) to alleviate that anxiety because what is important at this stage is the articulation of your argument, the development of your discursive analysis. Once that is completed

LESSON 5:

Place the paragraphs in order of appearance within each subtopic

Exercise: If you are working on a dissertation or thesis chapter or article place the relevant paragraphs in order of appearance within each subtopic

-Existentialism and feminism

Patriarchal representations of women in literary/art history

History of patriarchal ideas

Feminist writers

Influence on later feminist theorists

Post-feminism

Now work towards organising the paragraphs in the other subtopics. After having completed this task you will have planned and organised the argument in your paper down to the last paragraph. You will feel amazing and more confident in taking on the next stage which is writing. What is wonderful about this process is that because your anxiety should have elapsed at this stage your mind should be clearer and this opens up the potential for more creativity in the structure of your paper.

Step 5: Place the paragraphs in order within each Subtopic

At this stage you will have placed the subtopics in the order they will appear in your paper. Now you need to organise the paragraphs within each subtopic. Start with the mind-map from the first subtopic which in this example is *The Other*:

Mind Map 2- Creating Paragraphs Within Each Subtopic Subtopic 1-The Other

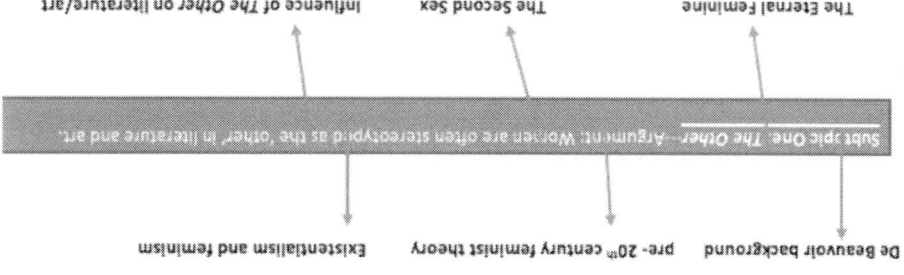

The Other
-De Beauvoir background
-The Second Sex
-The Eternal Feminine
-Pre-20th century feminist theory

(Subtopic One: *The Other* – Argument: Women are often stereotyped as the 'other' in literature and art.)

Arrows to: The Eternal Feminine; The Second Sex; Influence of The Other on literature/art

Arrows to: De Beauvoir background; pre-20th century feminist theory; Existentialism and feminism

LESSON 4:

Place the subtopics in the order of appearance in the paper

Exercise: If you are working on a dissertation or thesis chapter or article place the subtopics in the order of appearance in the paper.

Mind Map 1-Creating Subtopics

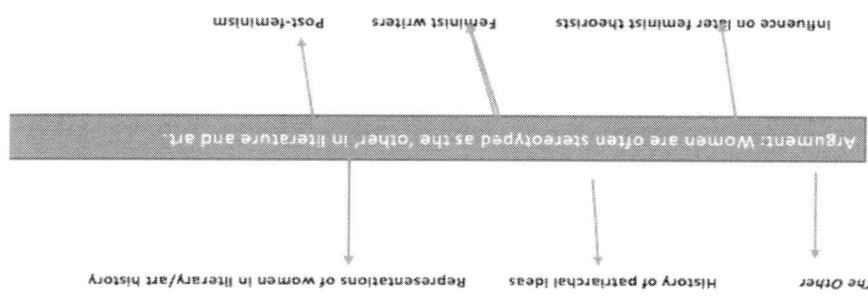

You need to decide how the subtopics will be ordered in your paper.

You may decide to have the following structure:

The Other

Patriarchal representations of women in literary/art history

History of patriarchal ideas

Feminist writers

Influence on later feminist theorists

Post-feminism

Step 4: Place the Subtopics in Order

At this stage you will have completed all the mind-maps of all the subtopics in your paper. In other words you have planned your whole paper down to the last paragraph. At this stage your anxiety should be significantly reduced. You are now in a good position as you have full control over the structure of your argument and you are consistently relevant all the way through without having written anything. This is very significant as over the years I have corrected undergraduate and postgraduate papers that are either off the point or lose track of the argument. This method helps you to avoid those pitfalls. As an editor I have come across the same problems in articles for academic journals which ended up being rejected.

The next stage is to organise all of your subtopics in terms of priority in your paper. You should start with the first mind-map that identifies all of the subtopics:

This mind-map is identifying all the paragraphs that are relevant to the subtopic and the argument. What is important to note is that every paragraph is a different angle on the subtopic and argument. The purpose of having the subtopic title and the main argument at the centre is to ensure you are being consistently relevant to the central argument. De Beauvoir's concept of *The Other* is the subject and the relevant paragraphs include: 1. De Beauvoir's development of the theory 2. Pre 20th Century Feminist Theory 3. Existentialism and Feminism 4. The Eternal Feminine 5. The Second Sex 6. Influence of *The Other* on literature and art. This subtopic has now been planned in that the topic of each paragraph has been set out. Now you need to create a mind-map for all the subtopics in your paper.

LESSON 3:

Design mind-maps for each subtopic

___

Exercise: If you are working on a dissertation or thesis chapter or article design mind-maps for each of your subtopics

Step 3: Argument: Mind-Mapping Each Subtopic

This is where you are getting into the finer details of the paper. At this stage you will have completed your first mind-map with all the relevant subtopics. Now you need to mind-map each subtopic. In a 5,000 word paper (dissertation, thesis chapter or journal article) there would be an average of 7-10 subtopics. Now you need to create a mind-map for each subtopic. So you could end up with 7-10 mind-maps of your subtopics. Each subtopic mind-map will contain all the paragraphs that will make up that subtopic. Here is an example below:

Mind Map 2- Creating Paragraphs Within Each Subtopic
Subtopic 1- The Other

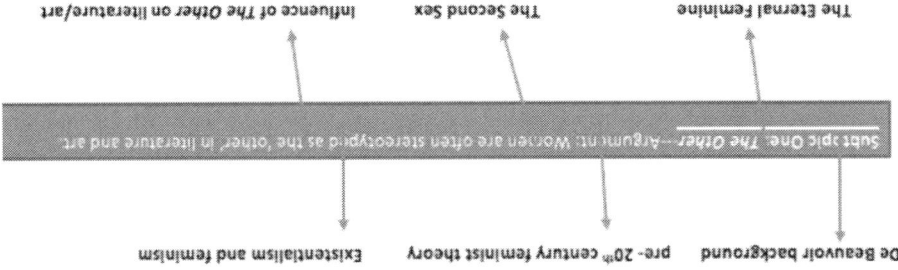

map to the argument ensures that you are always relevant and on topic.

LESSON 2:
Design a mind-map of subtopics

_____

Exercise: If you are working on a dissertation or thesis chapter or article design a mind-map of your sub-topics

Step 2: Argument: Mind-Mapping your Paper

Every dissertation, thesis chapter or article has a series of subtopics which are the main areas of discussion that are relevant to that topic. Each subtopic represents a different area of the argument.

Here is a mind-map of the paper's possible subtopics:

Mind Map 1-Creating subtopics

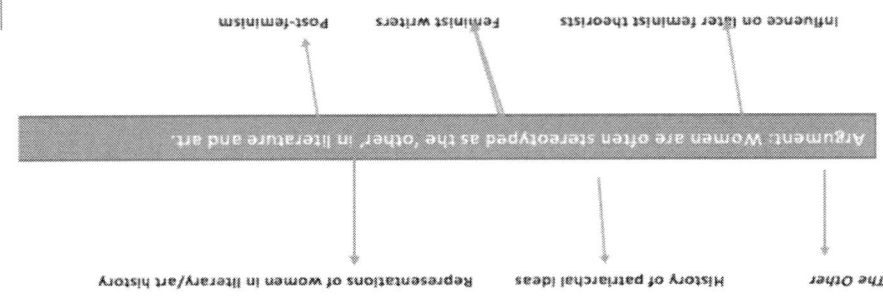

As set out in the above mind-map the possible subtopics for a paper on 'De Beauvoir and Feminism' would include: 1. 'The other' 2. History of patriarchal ideas 3. Representations of women in literary history 4. Influence on later feminist theorists 5. Feminist writers 6. Post-feminism. The significance of visually linking the subtopics in the mind-

LESSON 1:
Argument needs to be written in one line

Whether you are writing an undergraduate essay, thesis chapter or journal article it is important to start your planning by writing your argument in one sentence:

Answer: *Women are often stereotyped as the 'other' in literature and art.*

study as a term of reference to analyse how contemporary artists and designers explore, destroy or reflect on the construct of female stereotype within their practice.

Exercise: If you are working on a dissertation or thesis chapter or article try and identify your argument in one line.

The Strategy

Step 1. Creating the Argument in one Sentence

In an academic dissertation, thesis chapter or journal article an argument is a main idea often referred to as a 'claim' or 'thesis statement.' An argument is where you support one perspective. But you also examine the pros and cons of the other side to create discursive depth to support your point.

At undergraduate level dissertation questions are created for you. It is important to try and identify an argument from the essay question.

Here is an example:

Formulate an argument from the following essay question:

In the context of De Beauvoir's 'The Other' discuss how women are stereotyped in literature and pre-Raphaelite art. Discuss this in terms of one or more of the writers and artists discussed and also consider this then you will have a clearer mind to work on the finer details of your dissertation, thesis chapter or journal article with confidence. Using this strategy you should be able to plan your dissertation, thesis chapter or journal article down to the last paragraph before you write it.

The key is identifying a clear argument then developing that argument. Once that is planned your anxiety should have decreased and the very last thing you do is fix your writing style. At that stage your confidence will be enhanced and you can show off your ability with language.

The next chapter will set out a step by step approach to planning your dissertation, thesis chapter or journal article before you start writing. If you are working on a dissertation, thesis chapter or journal article then follow the steps set out in this strategy and by the end you should have a completed dissertation, thesis chapter or journal article. I hope it will be of help. Good luck.

THE PURPOSE OF THE STRATEGY

In the following pages I will outline a strategy for planning a dissertation, thesis chapter or journal article which is designed to reduce anxiety and build confidence. Once anxiety has been reduced

- I tried to write my chapter by starting with the introduction without any planning.
- I was caught up in the classic trap of trying to write the perfect sentence so I ended up continually rewriting my sentences which wasted time.
- I realised that because I had not planned the chapter my argument for that chapter was therefore unclear. As a result I felt overwhelmed by all the research that was undertaken which had not been organised into a discursive argument.

Once I developed the strategy I was able to write my PhD thesis within the required time and I am now able to use the strategy when writing articles for academic journals.

the case that this doesn't happen due to lack of confidence and subsequently at postgraduate level they have confidence issues with writing. There are academics who are not natural writers which impacts on their academic careers.

THE PROBLEM

The main issue with writing anxiety is that it can create a writer's block which greatly increases stress levels. The strategy outlined in this book is based on my experience of writing a PhD thesis. For my doctoral research I wrote a 120,000 word thesis on Irish literature. When it came to writing up my research I came to understand that a PhD thesis is really just a series of short dissertations and I started to approach the thesis as one dissertation at a time. Due to my own anxiety I started to problem solve the causes of my writing anxiety. The problem areas were as follows:

Introduction

The experience of being a student or academic in current times is marked by many pressures. Because of the high level of university fees in the UK students are under more pressure to attain a first or 2.1 in their undergraduate and postgraduate degrees. Similarly, because of the pressure of the REF academics in the UK are under pressure to publish their research in academic journals. In my experience as an academic in Ireland and the UK I have found that the area where students suffer from high levels of anxiety is in academic writing.

Also I have met academic colleagues who struggle with the publishing game and are always looking for techniques to help reduce anxiety which comes from the pressure to publish in order to retain their academic post. At undergraduate level students should develop writing skills which are supposed to set them up for writing a postgraduate thesis, whether it is a masters or doctorate. It is often

Contents

1. Introduction

2. The Strategy:

   Step 1. Creating the Argument in one Sentence

   Step 2: Argument: Mind-Mapping your Paper

   Step 3: Argument: Mind-Mapping Each Subtopic

   Step 4: Place the Subtopics in Order

   Step 5: Place the paragraphs in order within each Subtopic

   Step 6: The Writing Process-fill in the Paragraphs

   Step 7: The Writing Process- Introduction and Conclusion

   Step 8. Editing: Enhance your writing style

   Step 9. Editing-Track Back

Without Anxiety: Write a First Class Dissertation, Thesis Chapter or Academic Article

By Dr Catriona Franks Ryan